친구 사이는 어려워
— 도와줘요, 소크라테스!

학고재 세계 고전

친구 사이는 어려워 — 도와줘요, 소크라테스!

초판 1쇄 발행 2015년 9월 10일

글쓴이	노혜영
그린이	이희랑
편 집	이진언
펴낸이	우찬규, 박해진
펴낸곳	도서출판 학고재(주)
주 소	서울시 마포구 양화로 85(서교동) 동현빌딩 4층
전 화	편집 02-745-1722	영업 070-7404-2810
팩 스	02-3210-2775
홈페이지	www.hakgojae.com
이메일	hakgojae@gmail.com

ⓒ 노혜영, 이희랑, 2015

ISBN 978-89-5625-291-9 73810

이 책은 저작권법에 의해 보호를 받는 저작물입니다. 이 책에 수록된 글과 이미지를 사용하고자 할 때에는 반드시 저작권자와 도서출판 학고재의 서면 허락을 받아야 합니다.
이 도서의 국립중앙도서관 출판예정도서목록(CIP)은 서지정보유통지원시스템 홈페이지(http://seoji.nl.go.kr)와 국가자료공동목록시스템(http://www.nl.go.kr/kolisnet)에서 이용하실 수 있습니다. (CIP제어번호 : CIP2015021833)

친구 사이는 어려워
— 도와줘요, 소크라테스!

노혜영 글 이희랑 그림

학고재

차례

1. 빽빽이 복사   7

    깊이알기
- 소크라테스는 누구?
- "너 자신을 알라"

2. 스마트폰   26

    깊이알기
- 플라톤은 누구?
- "덕을 베푸는 것이 곧 행복이다"

3. 생각하는 병   48

    깊이알기
- 다이몬은 누구?
- "배부른 돼지보다 생각하는 인간이 되겠다"

4. 귀신 체험   64

    깊이알기
- 플라톤의 대화편
- "정말 두려워하는 게 무엇인지 아는 게 진정한 용기이다"

5. 다시 돌아온 해린이   82

 깊이알기

- 소크라테스의 정의란?
- "정의란 무엇인가?"

6. 보이스 피싱   98

깊이알기

- 소크라테스의 지행합일설
- "사랑을 안다면 사랑을 실천하라"

7. 친구 사랑 주간   118

깊이알기

- 크리톤은 누구?
- "나의 집이 비록 작더라도 진정한 친구로 채울 수만 있다면 만족하겠노라"

1. 빽빽이 복사

"이거 엘리베이터 묘기잖아."

"역시 찬하 요요 실력은 알아줘야 해."

아이들이 찬하 주위로 모여 저마다 한마디씩 칭찬을 했다. 신이 난 찬하는 한 번 더 요요를 세게 내린 후 줄 가운데를 잡고 요요를 갖다 댔다. 그랬더니 요요가 세게 돌면서 줄을 타고 위로 올라갔다.

"저렇게 비싼 요요만 있으면 누군 못 해?"

승호가 콧방귀를 뀌었다.

"기술이 좋아야지 비싼 요요만 있다고 되는 거냐?"

대표가 한심하다는 표정을 지었다.

"자, 그럼 해 봐."

찬하도 거드름을 피우며 나비형 요요를 승호에게 건넸다. 승호는 잠시 당황스러운 표정을 짓더니 이내 요요를 받아 들었다. 그리고 세게 내린 후 다시 잡기를 반복했다. 둘러선 아이들은 침을 삼키며 승호의 손놀림을 지켜보았다. 그때 승호가 다시 한 번 세게 내리더니 조금 전 찬하가 한 것처럼 줄 가운데를 잡았다. 그리고 요요를 올리려는데 요요가 줄 가운데로 쏙 빠져 버렸다.

"으하하, 기술이 있어야 하는 거지, 요요만 비싸다고 되는 거냐?"

옆에서 지켜보던 병준이가 눈살을 찌푸리며 말했다. 그러자 다른 애들도 따라 웃었다.

"에잇, 요요 줄이 뭐 이래."

자존심이 상한 승호는 아무렇게나 요요를 빙빙 돌려 줄을 엉키게 하더니 찬하한테 휙 던지고 가려 했다.

"야, 너 거기 안 서!"

대표가 소리쳤다.

"뭐, 할 말 있냐?"

"요요를 빌려 썼으면 곱게 줘야지. 왜 줄을 다 엉키게 해서 주냐? 빨리 원래대로 해 놔."

"네가 뭔데? 찬하 부하냐? 찬하는 가만있는데 네가 왜 난리야?"

승호가 돌아서면서 대표 가슴을 밀쳤다.

"너, 지난번에 3반 경민이랑 싸웠는데 져서 무릎 꿇었다며?"

승호가 대표 가슴에 불을 질렀다. 무릎까지는 아니라도 경민이한테 맞은 건 사실이다.

"어유, 이 자식이 죽으려고 진짜."

참다못한 대표가 주먹으로 승호 얼굴을 때렸다. 그 순간 승호 안경이 바닥으로 떨어지면서 테가 부러졌다. 승호 눈 주위도 긁혀서 피가 비쳤다.

"너, 오늘 죽었어."

승호가 성난 코뿔소같이 달려들어 대표의 얼굴을 받았다. 그러자 코피가 주르륵 쏟아졌다. 그다음 둘은 엉켜 싸웠다. 싸움은 수업 시작종이 울리고 선생님이 연구실에서 돌아오시고 나서야 겨우 끝이 났다.

"어이구, 무서워라. 얼굴은 피범벅이 돼 가지고……."

대표네 선생님은 달래 초등학교의 유일한 20대로 뛰어난 미모를 자랑한다. 하지만 깐깐하고 무섭기로는 그 악명을 따를 자가 없다.

"요 며칠 조용하다 했어. 안경테 부러트리고 코피 나고 아주 잘한다. 너희 둘은 오늘 빽빽이 일곱 장 쓰고 가!"

대표는 눈앞이 캄캄했다. 빽빽이 일곱 장을 쓰려면 손목이 마비된다. 처음에는 공부하는 셈 치자고 생각했는데 몇 번 해 보니 그게 아니었다. 두 장까지는 그럭저럭 참을 만해도 세 장부터는 정말 끔찍하다.

수업이 끝나고 아이들은 다 돌아갔는데 승호와 대표만 남아야 했다.

'자기를 위해 싸우다 이렇게 됐는데 설마 혼자 집에 간 건 아니겠지……'

대표는 혹시 찬하가 있나 둘러보았다. 하지만 언제 갔는지 찬하의 그림자도 볼 수 없었다.

"여기다가 빈틈없이 다 써!"

오늘은 한문이다.

'忍之爲德, 인지위덕 — 참는 것이 덕이 된다.'

예순네 번을 쓰니 한 바닥이 꽉 찼다. 대표는 대체 몇 번을 더 써야 끝이 날까 생각하니 아찔했다. 자기 때문에 싸우다가 이렇게 됐는데 찬하는 보이지도 않고 괜한 벌을 받는 것 같아 억울해 죽을 것 같았다. 슬쩍 보니 승호는 부러진 안경테를 테이프로 돌돌 말아 쓰고는 오만상을 찌푸린 채 빽빽이를 쓰고 있었다.

"아이, 왜 자꾸 배가 아프지."

대표는 빽빽하게 쓴 종이 한 장을 뱃속에 넣고 슬그머니 일어났다.

"고것 쌤~통이다."

승호가 중얼대는 소릴 들었지만 무시하고 잽싸게 계단을 내려와 교문을 향해 달렸다.

"아저씨, 이거 다섯 장만 복사해 주세요."

대표는 빽빽이가 드르륵 소리를 내며 복사되어 나올 때마다 이렇게 좋은 기계를 발명한 사람이 도대체 누굴까 하고 생각했다. 주머니에서 잔돈을 꺼내 계산대에 올려놓고 복사한 빽빽이를 다시 뱃속에 넣었다. 혹시 선생님을 만나지 않을까 이리저리 살피며 얼른 1층 현관으로 들어갔다.

"어우, 이제야 좀 살겠네."

대표는 가방을 들고 승호보다 한참 뒤로 자리를 옮겼다. 그리고 배에서 꺼낸 종이를 책상 밑에 넣었다. 승호는 끙끙거리며 하얀 종이를 까맣게 채우느라 여념이 없었다. 손이 아픈지 이따금 손목을 주무르거나 털기도 했다.

대표는 가방에서 인터넷에 연재되고 있는 만화책을 꺼냈다. 승호가 '딱딱' 연필 소리를 내면 글을 쓰고 있는 것이니 만화책을 보고, 소리를 내지 않으면 돌아보거나 일어날지도 모르니까 빽빽이를 쓰는 척했다.

"이놈들 다 돼 가냐? 인지위덕이 뭐라고?"

한참 후 선생님이 긴 머리카락을 휘날리며 들어오셨다.

"참는 것이 덕이 된다!"

대표와 승호가 합창을 했다. 선생님이 가져와 보라고 하자 승호가 먼저 일어났다.

"아이고, 글씨 좀 봐라. 뒤로 갈수록 글씨가 왜 이렇게 커지냐. 글씨 하나가 백 원짜리 동전만 하네."

선생님은 승호를 향해 혀를 차더니 다시는 싸우지 말라며 가라고 했다. 그리고 대표를 보며 아직 멀었냐고 했다.

"다, 다…… 됐어요."

자기도 모르게 말이 더듬거려졌다. 대표는 책상 밑에 두었던 복사 종이 위에 직접 쓴 종이를 두 장 올려 앞으로 가져갔다.

"흠……. 어디 보자."

선생님이 빽빽이를 보는 동안 대표의 간은 다 졸아 붓는 것 같았다.

"너는 이제 남의 일에까지 나서서 싸우기냐? 네 짝인 찬하 편들어 주는 건 좋지만 그렇다고 주먹질까지 하면 안 되지."

선생님은 첫 장과 다음 장만 보더니 종이를 탁자에 놓으며 그만 가라고 했다. 대표는 가슴을 쓸어내리며 교실을 빠져나왔다. 그리고 막 계단을 내려서려는데 날카로운 선생님 목소리가 들려왔다.

"야, 잠깐만. 대표 너 이리 와 봐."

대표는 심장이 멎는 것 같았다.

"너 이거 복사한 거 아니야? 여섯 장이 왜 이리 똑같아. 틀린 글씨랑 띄어쓰기 하며……. 요놈 봐라?"

대표가 쭈뼛거리자 선생님이 복사된 종이를 코앞에 들이밀었다. 선생님 얼굴이 성난 오랑우탄처럼 변했다.

'투명 망토라도 있었으면…….'

하지만 투명 망토는커녕 얼굴을 가릴 수건조차 없다. 레이저를 쏘는 듯한 선생님의 눈을 피해 고개를 푹 숙일 뿐이다.

"이건 그냥 넘어가서는 안 될 일 같다. 너 내일 어머니 모시고 와. 알았어?"

"잘못했어요. 다시는 안 그럴게요."

대표가 눈물까지 글썽이며 빌었지만 선생님은 꿈쩍도 하지 않았다. 엄마는 우체국 일이 바빠서 잠시도 시간을 낼 수 없을 텐데 걱정이다. 그렇다고 아빠나 할머니한테 말했다가는 혼이 날 게 분명하다. 아빠는 인테리어 가게를 하니까 시간은 마음대로 낼 수 있지만 성질이 급해서 앞뒤 가릴 새도 없이 화부터 낸다. 그리고 할머니는 아빠한테 급한 성질을 고스란히 물려준 분이시므로 이 얘기를 듣는 순간 주걱으로 대표 머리를 후려칠 것이다.

대표는 터덜터덜 교문을 나와 집으로 향했다. 모퉁이를 돌아가니 '놀러 와' 분식집에서 고소한 냄새가 풍겨 나왔다. 매콤, 달콤, 고소한 냄새에 이끌려 분식집 앞으로 가니 회오리 감자와 꼬치 돈가스가 계속 튀겨져 나오고 있었다.

"아저씨, 떡볶이 1인분이랑 꼬치 돈가스 한 개 주세요. 근데 아저씨 누구세요?"

대표는 줄무늬 앞치마를 두르고 요리사 모자를 쓴 아저씨를 보며 고개를 갸웃했다. 왜냐하면 전에는 뚱뚱한 아줌마가 있었기 때문이다.

"누군 누구야, 분식집 알바지. 여기서 돈가스 튀기기에는 내가 너무 잘생기긴 했지."

아저씨는 아랫입술을 내밀어 입 바람으로 조금 남은 앞머리를 날렸다. 대표는 자아도취가 너무 심하다고 생각하며 의자에 앉았다. 그런데 아무리 봐도 아저씨의 얼굴이 낯익었다.

'저 아저씨를 어디서 봤더라?'

대표는 눈을 가늘게 뜨고 아저씨를 뚫어져라 쳐다보았다.

"어떤 사람들은 내가 원빈을 닮았다고 하고 또 어떤 사람은 현빈을 닮았다고 하지. 하지만 난 그냥 아르바이트로 먹고사는 시민일 뿐이야."

아저씨가 앞치마로 땀을 닦으며 대표를 흘끔 쳐다보았다. 대표는 '착각이 심하시네요.' 하고 말하려다 참았다. 그런데 순간 번뜩 떠오르는 일이 있었다.

'아, 맞다. 엄마랑 노숙자 점심 봉사 갔을 때 만났던 아저씨!'

그 사람이 분명했다. 그때에 비하면 멀끔해지긴 했지만 반죽 좋은 말투나 서글서글한 눈매가 영락없었다. 대표가 아저씨를 기억하는 이유는 또 있었다. 다른 사람들은 밥만 먹고 그냥 갔는데 저 아저씨는 다른 사람들이 두고 간 빈 그릇을 정리하기도 하고 무거운 것을 나르며 몇 번이고 고맙다는 말을 했다.

"넌 나이도 어린데 어머니와 함께 이런 봉사를 왔구나. 너한테 부끄럽지 않도록 나도 열심히 살아야 할 텐데……."

그때 몹시 부끄러워하던 아저씨의 모습이 떠올랐다.

"아저씨, 저 혹시 기억 안 나세요? 작년에 엄마랑 노숙자 점심 봉사 갔다가 만났잖아요."

대표는 아저씨가 음식을 갖고 오자 낮게 속삭였다. 왜냐하면 아저씨가 창피할 수도 있기 때문이다. 그러나 아저씨는 노숙자가 무슨 자랑이라도 되는 듯 거침이 없었다,

"아, 맞다. 전철역 근처에서 노숙할 때 엄마를 따라왔던 꼬마가 있었지. 와, 반갑다! 그때 먹은 육개장 진짜 맛있었는데."

아저씨는 함박웃음을 웃으며 대표 손을 잡고 흔들었다.

"그때, 어린 네가 주는 밥을 받아먹으며 얼마나 부끄러웠는지 모른다. 무슨 일이 있어도 열심히 살아서 남에게 베풀지언정 도움을 받는 사람이 되지는 말자고 결심했었지."

아저씨는 만나서 정말 반갑다며 대표가 주

문한 음식은 자기가 대접하겠다고 했다. 그리고 어머니는 여전히 우체국에 잘 다니시느냐고 안부를 물었다.

"소크라테스, 이 책은 뭐예요?"

대표는 꼬치 돈가스를 베어 물다 테이블 위에 놓인 두꺼운 책을 보았다.

"응, 내가 짬 날 때마다 읽는 거란다."

"아저씨가 책을 다 읽어요?"

대표는 눈이 휘둥그레졌다. 아저씨와 책은 왠지 어울릴 것 같지 않았기 때문이다.

"소크라테스? 언젠가 만화책에서 본 것 같기도 한데."

대표가 고개를 갸웃거리자 아저씨가 책장수처럼 책을 한 손에 들더니 설명을 시작했다.

"소크라테스는 고대 그리스의 철학자란다. 우리 소 선생은 비록 옷은 남루하게 입었지만 광장을 거닐며 많은 사람에게 가르침을 주어 제자들이 넘쳐 났지."

아저씨는 마치 소크라테스를 직접 보기라도 한 것 같은 표정을 지었다. 다른 테이블의

아이들은 떡볶이를 먹으며 아저씨의 행동이 재미있다는 듯 바라보았다. 대표는 아저씨가 지난가을에 봤던 사람과는 달라도 너무 많이 다르다고 생각했다. 왠지 자기만의 확신에 가득 찬 것 같기도 하고 자신감이 넘쳐 보이기도 했다.

"그런데 아저씨는 언제 노숙자 생활을 그만두신 거예요?"

대표가 조심스럽게 물었다. 그러자 아저씨는 노숙자들을 위한 인문학 강의를 듣게 되면서부터 다른 삶을 살게 됐다고 했다. 그 가운데서도 소크라테스에 빠져서 지금은 소크라테스에 관해 공부 중이라고 했다.

"근데 너 오늘 시험 못 봐서 나머지 공부했지?"

아저씨가 대표 앞으로 의자를 당겨 앉으며 물었다.

"나머지 공부는 아니지만 선생님께 혼났어요. 내일 엄마 모시고 오래요."

대표는 풀이 죽어 대답했다.

"그랬구나. 어쩐지 얼굴에 근심이 가득하다 했어. 도대체 무슨 일이 있었기에 엄마까지 모시고 오래?"

대표는 답답하던 차에 마침 잘됐다고 생각했다. 잘한 일이 아니니 누구한테 말할 수도 없고 고민이 돼 죽을 지경이었다. 그런데 누가 대표 입에 물려 놓았던 수도꼭지라도 연 듯 학교에서 있었던 일이 술술 쏟아져 나왔다. 고개를 끄덕이며 다 듣고 난 아저씨는 눈을 감더니 생각에 잠겼다. 그리고는 이내 입을 열었다.

"너는 단짝 친구인 찬하를 위해 싸워 주었는데 찬하가 고맙다는 말 한마디도 없이 가서 몹시 서운했겠구나. 그런데 너는 왜 찬하가 해결하도록 놔두지 않았니?"

"승호가 재수 없게 구는데도 찬하가 아무 말 안 하니까요."

대표는 자기가 잘했다는 듯 입을 쭉 내밀었다.

"아이들 앞에서 요요를 멋지게 해 보이고 싶었는데 창피만 당한 승호의 기분은 어땠을까?"

"그야 내 알 바 아니죠."

대표는 다른 곳을 보며 건들거렸다. 아저씨는 고개만 끄덕이고는 또다시 질문을 했다.

"너는 선생님이 왜 그렇게 화를 내셨다고 생각하니?"

"제가 손으로 써야 하는데 귀찮아서 빽빽이를 복사해서 냈으니까요."

"그럼 빽빽이를 복사해서 선생님께 제출한 것과 찬하의 요요를 엉키게 한 것, 이 두 가지의 차이는 뭘까?"

대표는 얼른 대답을 못 하고 우물쭈물했다. 승호는 친구를 화나게 했을 뿐이지만 자기는 선생님을 속였다는 차이가 있다는 걸 자신도 알기 때문이다.

"우리 소크라테스 선생은 '너 자신을 알라.'라는 말을 자주 했단다. 그 말은 네가 아무것도 모른다는 것을 알아야 한다는 의미지. 과연 네가 몰랐던 건 무엇일까?"

아저씨가 진지한 눈으로 대표를 바라보았다. 그러자 대표는 어색한 표정으로 어깨를 으쓱해 보였다.

"우리는 뭐든 자기 입장에서만 생각하고 판단하기를 좋아하지. 하지만 내가 옳다고 믿었던 굳은 생각을 버리면 모든 것을 새롭게 바라볼 수 있게 된단다."

'내가 안다고 생각하는 걸 버려야 진리를 알게 된다고?'

대표는 아저씨의 말이 알쏭달쏭했지만 마음에 들었다. 평소 엉뚱한 생각이 많아서 선생님이나 애들한테 핀잔 듣기 일쑤였기에 소크라테스도 왠지 그런 사람일 것 같았다.

대표는 수업하다가도 '학교 운동회 때는 왜 꼭 청군, 백군으로만 나누느냐, 청팀은 파란색인데 백팀은 왜 빨강 옷을

입고 빨강 바통을 드느냐.'와 같은 질문을 해서 아이들의 원성을 샀었다. 집으로 돌아오는데도 '너 자신을 알라.'라는 말이 머릿속을 맴돌았다.

> 깊이알기

소크라테스는 누구?

　소크라테스는 기원전 470년경 그리스 아테네에서 태어난 철학자입니다. 아버지는 조각가였고, 어머니는 아기를 잘 낳을 수 있도록 도와주는 산파였어요. 부인은 악처로 유명한 크산티페이며, 세 아들을 두었습니다. 그는 뚱뚱한 데다 키도 작고 볼품없이 생겼으나, 체력이 좋고 참을성도 많았어요. 또한 깊은 생각에 잠기는 일이 많았고, 돈이나 명예에는 별 관심이 없었다고 해요.

　소크라테스는 거리의 사람들에게 질문을 던지며 대화하는 것을 좋아했어요. 사람들은 그와 대화하면서 자신의 바르지 못한 행동을 발견하게 되었고, 아는 것에 따라 행동해야 한다는 지혜를 깨닫게 되었습니다.

　소크라테스는 많은 제자들을 가르쳤는데, 그를 따르는 사람들이 늘어나자 젊은이를 타락시키고 새로운 종교를 끌어들였다는 이유로 사형을 당하게 됩니다. 그의 영향력이 커지는 것을 두려워한 반대 세력에 의해 독약을 마시고 죽음에 이르게 된 거예요. 그가 직접 남긴 책은 없지만, 후대의 많은 철학자들에게 가장 큰 영향을 끼친 철학자로 지금까지도 꼽히고 있습니다.

깊이알기
"너 자신을 알라"

'너 자신을 알라'는 델포이 신전에 새겨져 있던 말인데, 소크라테스가 자주 사용하여 그의 말로 전해지게 되었어요. 소크라테스는 무엇보다 먼저 자기의 무지를 아는 것이 중요하다고 했습니다. 자신이 아무 것도 모른다는 사실을 스스로 깨달을 때에만 참다운 지식을 얻게 되며 올바르게 행동할 수 있다고 말했어요. 그리고 진정 무언가를 안다는 건 그것을 실천할 때에만 비로소 가능하다고 했지요. 예를 들자면, 여러분이 사랑을 안다고 말하려면, 사랑을 바로 실천에 옮길 수 있어야 합니다.

2. 스마트폰

다음날, 대표는 일부러 찬하의 책을 밀어서 떨어트렸다. 찬하와는 유치원 때부터 친구인 데다 초등학교에서도 같은 반을 세 번이나 했다. 4학년에 올라와서도 비록 남자끼리 짝이지만 지금껏 둘은 아무 불만이 없었다. 그런데 대표는 어제 일이 몹시 기분 나빴다. 엄마가 학교에 오게 된 것도 모두 찬하 때문인 것 같았다. 게다가 뭐라고 변명이라도 할 줄 알았는데, 언제 무슨 일이 있었냐는 듯 태연하니까 더욱 화가 났다.

"야, 너는 어제 그런 일이 있었는데 사과 한마디도 없냐?"

참다못한 대표가 발끈해서 말했다.

"무슨 일?"

"뭐? 관두자 관둬. 너 같은 놈을 내가 지금껏 친구라고 생각했다니……."

대표는 책상을 탕 치며 일어났다.

"아, 너 어제 승호랑 싸운 것 때문에 그러는구나. 내가 어제 좀 정신이 없었어. 순돌이가 갑자기 일어나지도 못하고 계속 토한다고 동생한테 전화가 왔더라고. 그래서 너한테 말하려고 했는데 네가 싸우는 바람에 그냥 갈 수밖에 없었어."

찬하는 개를 두 마리나 키운다. 그래서 이따금 대표가 놀러 가 같이 목욕을 시킨 적도 있다. 대표는 찬하가 개들을 얼마나 사랑하는지 알기에 이해는 갔지만, 그래도 섭섭한 마음이 가시지는 않았다. 친구가 자기 일로 싸우고 있는데 편도 들어주지 않고 가 버리다니……. 그렇다고 언제까지 꽁하게 있을 수는 없는 노릇이라 대표는 마음을 풀기로 했다. 순돌이와 순이는 대표가 가도 늘 펄쩍펄쩍 뛰어오르면서 반기는 녀석들이니까.

"그래서 지금 순돌이는 어때?"

대표는 한층 누그러진 목소리로 물었다.

"집에 사람이 없을 때 이상한 걸 먹었는지 설사까지 하고 그랬는데 주사 맞고 약 먹이니까 나아졌어."

대표는 고개를 끄덕이고는 복도로 나왔다. 유리창으로 운동장을 보니 플라타너스 잎이 어느새 누렇게 물들어 가고 있었다.

엄마는 오후에 선생님을 만나고 오셨다. 그래서 저녁 식사 후 대표는 엄마한테 혼이 났다.

"잘한다. 빽빽이나 복사하고. 그리고 네 일이나 잘해. 왜 쓸데없이 남의 일까지 끼어들어 참견을 해. 얘는 도대체 누구 닮아 오지랖이 이렇게 넓은 거야."

엄마는 깊은 한숨을 내쉬었다. 한 번만 더 친구를 때리면 학교 폭력으로 경찰서에 갈 수도 있다고 으름장을 놓았다. 경찰서라는 말을 들었을 때 대표는 간이 떨어지는 줄 알았다. 이따금 뉴스에서 그런 말을 들은 것 같기 때문이다. 엄마는 승호네 집에 전화를 걸어 사과하고 승호와 대표를 화해시켰다. 다행히 엄마가 아빠나 할머니한테는 말하지 않아 조용히 넘어갔다.

며칠 후, 아빠는 새로 문 여는 가게가 많아 인테리어 주문이 늘었다고 통닭을 시켜 주셨다. 모처럼 엄마 아빠는 맥주도 한 잔씩 하며 한껏 기분을 냈다.

"어머니, 이걸로 9층에 사시는 친구 분이랑 점심 사 드세요."

아빠가 할머니한테 용돈도 드렸다.

대표는 이때를 놓칠세라 그동안 벼르고 별렀던 말을 했다.

"아빠, 두 밤만 자면 내 생일이니까 스마트폰 사 주세요. 우리 반에서 이런 똥폰 들고 다니는 애는 나밖에 없다고요."

"맞아요 아빠. 요즘 이런 폰 갖고 다니는 애들 없어요. 공짜 폰도 많으니까 저도 바꿔 주세요."

누나까지 끼어들었다. 대표는 누나를 째려보았다. 자기 하나라면 어떻게 될지도 모르겠지만, 누나까지라면 분명 안 된다고 할 것이기 때문이다.

"에잇, 기분이다. 내일 엄마랑 적당한 거로 하나씩 골라 봐. 그 대신 망가트리지 않고 약정 기간까지 잘 쓰기다, 알겠지?"

대표는 귀를 의심했다. 수개월을 졸라도 안 된다고만 하던 아빠가 선뜻 허락을 해 주다니.

"아빠, 딴말하기 없어요. 엄마, 내일 스마트폰 사러 가는 거야. 알겠지?"

대표와 누나는 좋아서 어쩔 줄을 몰랐다. 누나는 메신저도 하고 게임 앱도 깔 거라며 입이 귀에 걸렸다.

다음날 대표와 누나는 엄마를 따라 휴대전화 가게로 갔다. 오래 고를 것도 없이 평소 생각해 뒀던 기기로 사고 케이스도 그럴싸한 것으로 씌웠다.

"대표 너 스마트폰으로 바꿨구나. 오, 완전 폼 난다."
"이거 최신형이잖아. 부럽다. 나도 이걸로 바꾸고 싶다."
학교에 갔더니 아이들이 몰려와 구경하느라 야단이 났다. 대표의 어깨가 으쓱해졌다. 대표는 수업 시간에도 스마트폰이 하고 싶어서 집중이 안 될 정도였다. 하지만 공부 시간에는 반드시 꺼 두겠다고 엄마와 약속했기 때문에 참고 또 참았다. 그렇지 않았다가는 한 달간 사용 금지를 당할 것이기 때문이다.
"대표야, 오늘 네 생일이잖아. 파티 안 해?"

찬하가 포장지에 싼 물건을 내밀며 물었다. 그래도 생일을 기억해 주는 친구는 찬하밖에 없었다.

"엄마가 집에서 하면 할머니 힘들다고 그냥 사거리 피자집에서 친구들이랑 피자 먹으래."

"정말? 우리 피자 먹고 찜질방 가서 놀자."

대표는 싱글벙글하며 포장지를 뜯었다. 유행하는 캐릭터 연필 세트가 나왔다. 그러나 대표는 부풀었던 마음이 순식간에 쪼그라들었다. 자기는 찬하 생일 때 저금통을 털어 메이커 모자를 사주었는데 겨우 연필 세트라니……. 하지만 쪼잔하게 그런 말까지 할 수는 없는 터라 애써 밝은 표정으로 잘 쓰겠다고 했다.

수업이 끝나고 다섯 명 정도가 함께 피자를 먹으러 갔다.

"대표야, 생일 축하해."

"열한 번째 생일이니까 이제 철 좀 들어라."

다른 친구들도 필통과 문화 상품권 같은 걸 선물로 주었다. 대표는 피자와 샐러드, 음료수를 시켜서 배불리 나누어 먹고 방방랜드로 갔다. 그곳에서 트램펄린을 30분 타고 온몸이 땀으로 흠뻑 젖자 하와이 찜질방으로 향했다. 요즘에는 생일이면 대부분 이렇게 논다. 이따금 찜질방을 나와서 노래방에 가는 경우도 있지만 대표와 친구들은 노래방에는 별 흥미가 없었다.

하와이 찜질방은 동네에서 제일 크고 시설도 잘되어 있어서 1년

내내 사람이 많다. 대표와 친구들은 먼저 탕으로 들어가 물놀이를 했다. 아름다운 조명, 넓고도 넓은 냉탕과 온탕, 스위치만 누르면 폭포처럼 떨어지는 물……. 이렇게 좋은 놀이터가 또 있을까. 아이들은 냉탕에 들어가 풍덩 풍덩 다이빙도 하고 물싸움도 했다.

"이놈들아, 공공장소에서는 예의를 지켜야지. 그렇게 뛰어 대면 건물 내려앉겠다. 여기는 풀장이 아니고 공중목욕탕이란 말이다!"

아이들이 냉탕과 온탕을 드나들며 신나게 놀고 있는데 목욕 관리사 아저씨가 고함을 쳤다.

"저 아저씨 뭐냐? 때밀이면 때나 밀지 웬 야단이야."

"맞아, 저 양머리 수건이랑 하트 무늬 팬티 좀 봐 봐."

"우히히히, 완전 쩐다."

아이들은 입을 삐죽이며 저마다 한마디씩 했다.

"어, 저 아저씨 아는 사람 같은데."

대표는 열심히 때를 밀고 있는 아저씨를 힐끔힐끔 보았다. 고구마처럼 기다란 얼굴에 작은 눈, 며칠 전 '놀러 와 분식집'에서 만났던 노숙자 아저씨가 분명했다.

"아저씨, 여기서 뭐 해요?"

대표는 분식집에 있어야 할 아저씨가 때를 밀고 있는 게 궁금해 견딜 수가 없었다.

"보면 모르냐? 때 밀고 있잖냐."

"근데 왜 목욕탕에서도 수건을 쓰고 있어요?"

"내가 목욕탕에서 삿갓을 쓰든 헬멧을 쓰든 뭔 상관?"

대표는 어이가 없어 웃었다. 아저씨가 때수건 낀 손으로 박수를 탁탁 치자 할아버지가 돌아누웠다. 그러자 아저씨는 콧노래까지 흥얼거리며 때를 밀었다.

"분식집은 벌써 그만뒀어요?"

대표의 눈은 아저씨의 손놀림을 따라가고 있었다. 때수건이 지나가는 데마다 시커먼 때가 주르륵 밀려 떨어졌다.

"그 좋은 일자리를 내가 왜 그만두냐? 분식집은 아이들이 학교 끝날 때만 바쁘니까 그때만 도와주고 오후에는 또 다른 일을 해야지."

아저씨는 말하면서도 손은 잠시도 쉬지 않았다. 그런데 대표는 아저씨 등에 쓰여 있는 글씨를 보고 깜짝 놀랐다.

'열심히 살자.'

"아저씨 등에 있는 게 뭐예요?"

"여름에 테이프로 글씨를 붙인 다음 선탠했어."

대표는 입이 쩍 벌어졌다. 호랑이나 용 문신한 사람은 봤어도 선탠으로 글씨를 새긴 사람은 처음 보았다. 아저씨는 사람들 때도 밀고 청소도 하면서 이곳에서 잠을 잔다고 했다. 그제야 대표는 아저씨가 집이 없는 노숙자였다는 걸 떠올렸다. 대표가 자꾸만 아저씨한테 이것저것 묻자 누워 있던 할아버지가 버럭 소리를 질렀다.

"허, 고놈. 남의 일에 뭘 꼬치꼬치 물어. 목욕탕서 시끄럽게 떠들지 말고 얼른 고추나 북북 씻고 집에들 가지 못 혀!"

고추나 닦으라는 말에 대표는 어이가 없어 아이들한테로 왔다.

"변태 할아방탱이, 왜 나보고 고추를 닦으래."

대표는 궁싯거리며 냉탕으로 들어갔다. 한차례 혼이 나자 아이들은 풀이 죽어 씻지도 않고 목욕탕에서 나왔다. 그리고는 군 달걀과 식혜를 사서 허겁지겁 먹었다. 친구들과 있으니까 뭐든지 다 맛있고 뭘 해도 재미가 있었다.

"우리 스마트폰 게임하자."

"좋아."

찬하 말에 아이들이 달려가 스마트폰을 꺼내 왔다. 그리고 그동안 깔아 놓은 이런저런 게임을 했다.

"우리 황토방에 들어가서 누가 더 오래 버티는지 내기할래?"

"좋아."

아이들은 돔 모양으로 타일이 붙어 있는 황토방으로 달려갔다. 안으로 들어가니 누런 황토가 발라져 있고 뜨거운 기운이 훅 끼쳐 왔다. 아이들은 저마다 스마트폰 게임을 하면서 뜨거움을 견뎠다.

"대표야, 잠깐 네 스마트폰 좀 줘 봐. 바꿔서 하자."

찬하가 자기 폰을 내밀었다. 대표는 내키지 않았지만 폰을 건넸다. 찬하가 이것저것 막 만져서 오류라도 날까 봐 겁이 났다.

"이러다가 우리 몸 타는 거 아니야?"

시간이 지나자 숨이 턱턱 막혀 왔다.

"휴, 찜통 속에 있는 기분이야. 더는 못 참아."

동국이가 손으로 부채질하자 찬하가 밖으로 뛰쳐나갔다. 다른 아이들도 따라서 밖으로 나갔다. 그런데 그때 일이 벌어졌다. 찬하가 뛰어나가면서 스마트폰을 놓치는 바람에 문 옆에 있던 돌기둥에 부딪혀 깨진 것이다.

"아악, 어떡해 내 스마트폰!"

대표는 비명에 가까운 소리를 냈다.

"오, 액정 완전 깨졌다."

승호도 눈을 동그랗게 뜨고 대표 얼굴을 보았다.

"대표야, 미안……."

찬하가 어쩔 줄 몰라 하며 머리를 긁적였다.

"난 몰라 나 이제 아빠한테 죽었어. 네가 물어내."

대표는 울먹였다. 하지만 찬하는 미안하다는 말만 되풀이할 뿐 물어주겠다는 말은 하지 않았다. 대표는 망가진 스마트폰을 집어 들고는 발을 꽝꽝 구르며 탈의실로 왔다.

"야, 이제 너 어떡하나. 화면도 안 나와."

아이들도 따라와 옷을 갈아입으며 걱정을 해 주었다. 하지만 대표 귀에는 아무 소리도 들리지 않았다. 어떻게 해서 산 스마트폰인

데……. 게다가 집에 가서는 뭐라고 해야 하나. 대표 머릿속은 온통 아빠 엄마한테 혼날 걱정으로 가득했다.

"내가 이럴 줄 알았어. 널 믿은 내가 바보다."
스마트폰을 본 아빠는 얼굴이 벌게지며 소리를 쳤다. 엄마도 다시는 스마트폰 살 생각은 하지도 말라며 머리를 쥐어박았다.
"내가 그런 게 아니라고요. 찬하가 깨트린 거니까 걔네 엄마한테 물어 달라고 하면 되잖아요."
"말이 되는 소리를 해라. 물어 달라기는 뭘 물어 달라 그래. 놀다가 망가졌으면 그만이지."

아빠는 벌떡 일어나더니 방으로 들어가 문을 쾅 닫아 버렸다.

"네 애비 말이 맞다. 친구끼리 놀다 보면 그럴 수도 있지 치사하게 그걸 뭘 물어내라고 하나."

할머니가 혀를 끌끌 차며 텔레비전 리모컨을 이리저리 돌렸다. 대표는 눈물이 나왔다. 자기가 잘못한 게 아닌데 모두 자기만 혼내기 때문이다. 다른 집은 아빠 엄마가 혼내도 할머니가 감싸 준다는데 대표네 할머니는 전혀 그렇지가 않다. 대표가 땀을 많이 흘려서 옷을 자꾸 갈아입으면 빨래하기 힘든데 왜 하루에 몇 번씩 옷을 벗어 팽개질하느냐며 꿀밤을 먹인다. 한번은 태권도에서 동메달을 땄다니까 전국 대회가 아니면 그런 건 따나마나 하다며 콧방귀를 뀌셨다.

대표는 다음날 일찍 학교로 가 찬하를 기다렸다. 그리고 찬하를 보자마자 스마트폰 값을 물어 달라고 했다.

"미안해 대표야, 얼마 전에 아빠가 회사에서 정리 해고되셨어. 지금 그런 얘기 할 상황이 아니야."

찬하가 고개를 푹 수그렸다.

"그럼, 난 어쩌라고. 지금부터 휴대폰 없이 2년이나 살라고? 너 돼지 저금통에 20만 원이나 모았다며 그거라도 쓰면 되잖아."

대표는 어떻게 해서라도 스마트폰을 살리고 싶었다. 그것만 다시

가질 수 있다면 나쁜 놈이라는 소릴 들어도 좋고, 얼음 심장이라는 욕을 먹어도 괜찮을 것 같았다.

"미안해……. 벌써 엄마 드렸어."

"거짓말. 내 스마트폰 값 물어주기 싫어서 거짓말로 지어내는 줄 모를까 봐. 치사한 자식."

대표는 찬하를 차갑게 노려보았다. 지금까지 친구로 지냈다는 게 후회스러웠다. 승호랑 싸웠을 때 그냥 간 것도, 생일 선물을 연필로 준 것도 스마트폰을 망가트린 것도 모두 용서할 수 없었다.

'내가 너랑 다시 놀면 사람이 아니다.'

대표는 이를 부드득 갈았다. 그리고 찬하랑 말도 안 하고 눈도 안 마주쳤다.

"누가 진짜 치사한 건지 모르겠다. 그깟 거 하나 땜에!"

찬하도 가방을 싸더니 다른 곳으로 자리를 옮겨 버렸다. 지난주에 태정이가 교통사고로 입원하는 바람에 한 자리가 비어 있었다.

"아저씨, 슬러시 한 잔 주세요."

대표는 학교가 끝난 후 '놀러 와' 분식집에 들렀다.

"오늘도 얼굴에 구름이 잔뜩 끼었네. 뭐 답답한 일이라도 있었니?"

아저씨 말에 대표는 한숨부터 쉬었다.

"말도 마세요. 어제 찜질방에서 놀다가 새로 산 스마트폰이 깨졌어요. 내가 그런 게 아니고요. 찬하 그 치사한 자식이요……."

대표는 그동안 있었던 일을 모두 아저씨한테 말했다. 이렇게라도 하지 않으면 속이 터져 죽을 것 같았기 때문이다.

"저는 찬하가 내 가장 친한 친구인 줄 알았는데 그게 아니었어요."

"이를 어째, 겨우 얻어낸 새 스마트폰이 망가졌으니 진짜 속상하겠다."

아저씨가 기다란 종이컵에 노랗게 얼은 슬러시를 한가득 담아 내밀었다. 아저씨는 웃을 듯 말 듯 복잡한 얼굴로 대표를 바라보았다.

"그래도 찬하랑은 오랜 친구잖니."

"저도 그런 줄 알았는데 아니더라고요. 이젠 친구도 아니에요."

"저런……."

아저씨의 눈썹이 일그러졌다.

"그럼 친구는 어떻게 해야 하는데?"

"친구의 고통을 이해하고 그걸 해결해 주기 위해 노력해야지요."

대표는 차마 말로 하지는 않았지만 찬하가 자기 스마트폰이라도 줘야 한다고 생각했다. 남의 것은 못 쓰게 해 놓고 자기만 스마트폰을 쓴다는 건 양심이 없는 행동이다. 아저씨는 고개를 살짝 옆으로 기울이더니 다시 말했다.

"지금 고통스러운 사람은 과연 너뿐일까?"

"모르지요. 뭐, 찬하도 썩 좋지는 않겠지요."

대표는 얼마 전 승호의 안경테 부러트렸을 때를 떠올렸다. 승호 엄마가 괜찮다고는 했지만 승호가 새 안경을 쓰고 오니 많이 미안했었다. 대표는 아저씨의 시선을 피하려고 슬러시를 벌컥벌컥 마셨다.

"그럼, 너도 찬하의 입장을 모른 척하니까 친구 아니겠네."

대표는 말문이 막혀 아저씨를 바라보았다.

"제, 제가 뭘요?"

말까지 더듬었다.

"너는 자기 입장만 생각했지 찬하가 얼마나 괴로울지는 조금도 생각해 주지 않잖아. 네 스마트폰을 망가트린 찬하의 마음은 지금 어떨 것 같니?"

대표는 입을 쭉 내밀었다.

"그야 내 알 바 아니지요. 잘못한 사람은 찬하니까요. 그런데 아까부터 왜 자꾸 물어보기만 해요? 그렇게 묻지만 말고 아저씨가 진짜 하고 싶은 말씀을 하세요."

대표가 눈을 삐뚜름히 뜨고 아저씨를 보았다.

"답은 이미 네가 알고 있는 거 아니니? 친구라면 이때 어떻게 해야 하는지, 네가 더 잘 알 것 같은데?"

아저씨는 어깨를 으쓱해 보였다.

"그냥 찬하 입장을 이해하고 용서해 주라고 말하면 될 텐데 왜 자꾸 빙빙 돌리면서 질문만 하시냐고요."

대표가 더 이상 못 참겠다는 듯 목소리를 높였다.

"대표는 역시 센스 폭발이시다~ 이게 바로 소크라테스의 대화법이란다."

"소크라테스는 계속 물어보기만 하면 답이 나온대요?"

대표가 눈을 홉뜨며 물었다.

"음~ 뭐 그렇다고 볼 수 있지. 우리 소 선생께서는 사람은 누구나 자기 이익에 사로잡혀 있어서 자기 입장에서만 생각하므로 대화하다 보면 상대방의 모습에서 나를 발견하고 반성하게 된다고 했지."

"소 선생은 또 뭐예요."

"누구긴 누구야. 소크라테스 선생님이지."

대표는 어이가 없어 입을 벌렸다.

"플라톤의 대화편에 보면 소크라테스가 '덕을 베푸는 것이 곧 행복이다.'라고 했다는 말이 나온단다. 덕은 상황에 맞게 잘 처신하는 것을 말해. 지금 너에게는 어떤 덕이 필요할까? 스마트폰은 이미

잃은 거다. 하지만 너는 이미 잃은 스마트폰 때문에 친구 가슴에 생채기를 남기고 친구마저 잃으려고 하는 건 아닐까?"

아저씨가 다정스레 말했다. 하지만 대표는 덕이 있어야 행복한 게 아니고 스마트폰이 있어야 행복하다면서 낯을 찡그렸다.

"과연 그럴까? 찬하 아빠가 직장을 잃으셨다며. 형편이 어려운데 그 상황에서 네 스마트폰만 물어주면 과연 행복할 수 있을까?"

대표는 잠시 말문이 막혔다. 그토록 가깝던 친구를 미워하고 괴롭히고 있는 자신의 모습이 몹시 괴로웠기 때문이다.

'덕이 있어야 행복하다? 그럼 난 무조건 손해만 보란 얘긴가?'

대표는 눈만 끔벅이면서 잠시 생각에 잠겼다.

"아, 모르겠어요. 괜히 소크라테스인지 뭔지 하는 사람 때문에 머리만 복잡해졌잖아요."

대표는 머리카락을 손으로 마구 비볐다. 아저씨 말을 듣고 보니 지금 당장 찬하가 스마트폰을 사 준다 해도 뭔가 찜찜할 것 같았다.

> 깊이알기

플라톤은 누구?

플라톤은 고대 그리스 철학의 중심인물로 기원전 428년 아테네에서 태어났습니다. 명문가의 자제였던 그는 소크라테스를 만나 철학의 깊고 넓은 세계를 공부하게 되었어요. 그가 소크라테스를 따르기 시작했던 것은 대략 20대부터였는데 소크라테스와의 만남은 그의 삶과 철학에 큰 영향을 주었습니다.

그는 도덕을 바탕으로 한 법의 중요성을 강조했고, 도덕은 자신을 지켜 주는 경계선이라고 했어요. 플라톤은 소크라테스가 70세에 사형을 당한 후 큰 충격을 받고 더욱 철학에 전념했습니다. 그는 30여 편의 책을 쓰고, 42세 무렵 아테네 근처에 아카데미아 학원을 세우고 학문 활동과 강의에 주력했습니다.

깊이알기
"덕을 베푸는 것이 곧 행복이다"

덕(德)은 그리스 어로 '아레테(arete)'라고 하며 사람이나 사물이 훌륭하거나 우수한 상태를 말합니다. 소크라테스가 활동하던 당시에는 눈에 보이는 돈이나 명예 같은 것을 중요시했으나 소크라테스는 세속적인 것보다는 착하고 선하게 사는 것과 정신적인 가치를 더욱 중요하게 생각했어요. 그러면서 그는 덕이 있는 사람이 되려면 먼저 덕이 무엇인지 정확히 알아야 한다고 주장했지요.

덕을 저버리는 행동은 자신에게 해로운 행위를 하는 것과 마찬가지에요. 그걸 알면서 스스로에게 해로운 행위를 할 사람은 없다고 소크라테스는 생각했기 때문이에요. 그러므로 용기, 절제, 정의와 같은 덕에 관한 지식을 가진 사람은 실제로 덕 있는 사람이 되고, 그 결과 행복을 얻을 수 있게 된다고 소크라테스는 말했답니다.

3. 생각하는 병

오늘도 아이들은 찬하 주위에 모여 요요 묘기를 구경했다. 하지만 대표는 멍하니 앉아 창밖만 보았다. 승호와는 치고받고 싸웠으면서도 금방 풀렸지만 찬하와는 아직 냉전 상태다.

대표는 노숙자 아저씨를 만난 뒤부터 생각하는 병에 걸린 것 같다. 공부할 때도 생각하고 밥 먹을 때도 생각하고 게임 로딩할 때도 생각한다. 샤프심을 집어넣을 때나 심지어 텔레비전을 볼 때도 여러 가지 생각이 떠올라 머리에 지진이 날 지경이다. 누군가 대표 머리에 계량기를 단다면 눈금이 뺑뺑 돌아가는 게 보일 것 같다.

5교시에는 복제 인간에 관해 자유 토론을 했다. 어떤 아이는 복제 인간을 만들 수 있다면 자기는 게임을 하며 놀고 그 아이는 학교와 학원을 보낼 거라고 했다. 또 다른 아이는 복제 인간이 많아지면 사람들이 생명을 소중히 여기지 않을 거라고 했다.

"난 복제 인간 만드는 것에 찬성이야. 그렇다면 세상에는 키 작고 못생기고 공부 못하는 사람이 없을 테니까. 모든 좋은 유전인자를 다 넣어서 만들면 되잖아."

평소 작은 키 때문에 고민하던 효진이가 말했다.

"난 코끼리, 사자, 독수리, 상어의 특징을 모두 섞어서 만들 거야. 그럼 몸에는 털이 나고 이빨은 날카롭고 바다를 헤엄쳐 다닐 수도 있고 하늘을 날 수도 있잖아."

대표는 생각만 해도 황홀하다는 표정을 지었다.

"대표 너는 황당한 얘기 좀 하지 마라. 그게 말이 되냐?"

효진이가 쏘아붙이자 아이들이 킥킥거렸다.

사회 시간에도 대표는 엉뚱한 질문으로 친구들로부터 비난을 받았다.

"우리나라 선조는 알에서 태어났다면서 그 알껍데기와 나머지 알들은 다 어디 갔어요?"

"몰라. 내가 안 가져갔거든."

선생님이 장난스럽게 대꾸했다. 그러나 대표는 매우 진지한 표정으로 다시 물었다.

"공룡 알 같은 것들은 더 오래전 일인데도 화석이 있는데, 왜 박

혁거세, 주몽, 김수로는 왕인데도 전혀 흔적이 없느냐고요. 알에서 태어났다는 게 맞는 말이긴 해요?"

"야, 공룡 알은 워낙 많았으니까 운 좋게 일부가 화석으로 남은 거지만 박혁거세, 주몽, 김수로는 겨우 한 개씩인데 껍데기가 남을 리가 있냐?"

참다못한 수미가 핀잔을 주었다. 대표는 수미의 하얀 눈자위에 그만 무르춤해져 자리에 앉았다. 수업이 끝나자 수미와 도영이가 다가왔다.

"야, 공대표 너 갈수록 심해진다. 계속 그런 질문 할래?"

"너 요즘 들어 왜 갑자기 탐구 정신이 투철해졌어?"

"찬하하고 그렇게 붙어 다니더니 요즘은 같이 놀지도 않고. 이상해."

여자 애들이 교대로 몰아붙이자 대표는 정신이 혼미해졌다. 여자 애들이 무서웠다. 체격도 남자 애들보다 더 컸고 잘못 걸렸다가는 팔뚝을 꼬집히거나 등덜미가 날아갈 수도 있다. 남자 애들은 한 명씩 덤비지만 여자 애들은 여러 명이 한꺼번에 덤비기 때문에 미리미리 조심하는 게 상책이다.

대표는 오늘 청소 당번이 아니라 가방을 메고 터덜터덜 교문을 나왔다.

"야, 길 잃은 똥개처럼 왜 그렇게 어깨가 축 쳐졌냐? 우리 에스

보드 탈까?"

동국이가 노란 염색 머리를 휘날리며 달려왔다.

"아니, 지금 그럴 기분 아니야."

대표는 찬하와 관계가 틀어지면서 뭘 해도 좋은 게 없었다. 마음 한쪽에 무거운 돌이 매달려 있는 것처럼 답답했다. 어디서부터 뭐가 잘못됐는지, 어떻게 풀어 나가야 할지도 몰랐다.

'빠라바라~ 바라밤.'

경적 소리와 함께 오토바이가 다가와 섰다.

"얘들아, 안녕. 벌써 학교가 끝났나 보구나."

"네, 안녕하세요. 근데 아저씨, 오늘은 왜 만리장성 철가방이에요?"

동국이가 은색으로 눈이 부신 배달통을 보며 물었다. 대표도 아저씨가 '놀러 와' 분식집 배달통이 아닌 게 궁금해 쳐다보았다.

"만리장성에서 배달하는 녀석이 군대 영장 나와서 신체 검사 받는다기에 잠깐 봐 주는 거야."

아저씨가 하얀 앞니를 드러내며 철가방을 탕탕 쳤다.

"아저씨는 맨날 여기 번쩍 저기 번쩍 하는 것 같아요. 아르바이트라면 안 하는 게 없나 봐요. 아저씨를 진정한 알바 신으로 모셔야겠어요."

"알바 신? 그거 재밌는 말이군."

동국이 말에 아저씨가 큰소리로 웃었다. 아저씨는 신이라면 뭔가 신비하고 놀라운 구석이 있어야 한다면서 다음에는 초능력을 키워 오겠다고 했다.

"너희가 나한테 알바의 신이라고 하니까 생각나는 게 있다."

아저씨는 뭔가 재미있는 얘기가 있는지 아파트 분수대 옆에 오토바이를 세우고 걸터앉았다. 대표와 동국이도 그 옆에 앉았다. 노숙자였을 때는 몰랐는데 자주 보니 꽤 잘생긴 얼굴이라는 생각이 들었다.

"옛날 소크라테스는 다이몬이라는 자신만의 신을 믿었단다. 평생 다이몬이 들려주는 양심의 소리에 귀를 기울였지. 다이몬은 소크라테스의 수호천사라고도 할 수 있는데 다이몬이 이끄는 대로 따르면 난처한 상황도 피할 수 있고 바른 선택을 할 수 있었대."

"그리스 로마신화는 시리즈별로 다 읽었는데 다이몬이라는 신은 처음 들어 봐요."

대표가 신이라는 말에 관심을 보였다.

"그렇구나. 한번은 소크라테스와 친구들이 아고라 광장으로 가고 있었는데 소크라테스가 갑자기 멈춰 서더니 무언가 깊이 생각하더래. 그리고는 다이몬이 그렇게 하라고 했다며 가까운 길을 두고 먼 길로 돌아가자고 하더라는 거야. 일부 친구들은 소크라테스를 따랐지만 친구들은 대부분 코웃음을 치며 지름길로 갔단다."

"그래서 어떻게 됐어요?"

대표가 침을 꿀꺽 삼키며 물었다.

"소크라테스가 친구들과 아고라에 도착했을 때까지 지름길을 선택한 친구들이 도착하지 않았대. 그리고 한참 후에 나타난 친구들은 좁은 길에서 돼지 떼를 만나 할 수 없이 돌아서 왔다고 하더래."

"우와, 나한테도 다이몬이 있다면 좋겠다. 그럼 시험 볼 때 답도 막 가르쳐 주고 앞일도 알려줄 텐데……."

동국이가 눈을 반짝였다.

"아우 답답하다 답답해. 그러니까 무엇을 하든지 마음의 소리를 듣고 올바른 판단을 하라는 뜻이잖아. 너처럼 비양심적인 일에 쓰려고 하면 있던 신도 달아나겠다."

"아이고 네가 그렇게 순수하세요? 너는 저번에 여기다 돈 나오는 분수 기계를 설치하면 좋겠다며."

대표와 동국이는 마주 보며 혀를 내밀었다.

"저도 소크라테스에 관한 책 읽어 봤는데 무슨 얘긴지 하나도 모르겠더라고요. 아저씨는 그냥 살면 되지, 골치 아프게 그런 책은 왜 읽고 생각은 왜 그렇게 많이 해요?"

동국이가 알 수 없다는 듯 어깨를 으쓱해 보였다.

"너는 배부른 돼지가 되지 말고 배고픈 소크라테스가 되라는 말도 모르냐?"

"헐! 대표야, 너 왜 그러냐? 나 네가 슬슬 무서워지려고 그래."

"그게 아니고 여기 알바 신 아저씨 때문에 소크라테스에 대해 검색하다 보니까 그 말이 나오더라고. 근데 왠지 멋있는 것 같아서 외웠어. 우히히히 나 좀 있어 보이냐?"

"아이고 내 머리는 단무지라서 도저히 무슨 말인지 몰라. 나는 돼지도 싫고 소크라테스도 싫으니까 너나 다 해라."

동국이가 도리질하는 사이 전화벨이 요란스레 울렸다

"아~ 네, 지금 갑니다!"

만리장성에서 배달이 밀렸다고 야단이 난 모양이다. 아저씨는 다음에 또 보자며 급히 오토바이를 타고 멀어졌다.

대표는 동국이와 놀이터에서 헤어져 집으로 왔다. 현관문을 열고 들어서자마자 향긋한 오이 냄새가 코를 자극했다. 할머니가 냉면을 한다고 지지고 볶고 부치고 야단이셨다.

"할머니, 그 티셔츠 제 것 아니에요?"

할머니는 '4-3 자체 발광' 이라고 쓰여 있는 대표 반 반티를 입고 있으셨다. 어찌나 옷을 여러 번 빨았는지 속이 비칠 정도로 얇아졌다.

"모르지, 그냥 굴러다니기에 입었다. 왜 벗어 주랴?"

"아니, 괜찮아요. 참 예쁘시네요."

대표는 웃으며 방으로 들어갔다. 어차피 체육대회가 끝나서 반 티는 더 입을 일도 없었다.

'탕탕탕.'

"할머니 뭐 하세요?"

피아노 연습하던 누나가 나왔다. 대표도 옷을 갈아입고 나와 보니 할머니가 바늘로 얼음을 깨고 계셨다. 스테인리스 대접에서 얼음을 꺼내 바늘을 대고 칼등으로 탁탁 두드리니 얼음에 금이 쭉쭉 갔다.

"할머니, 그 바늘 손도 따고 바느질도 하던 거 아니에요?"

누나가 눈살을 찌푸렸다.

"손을 땄으면 어때서. 씻었으면 됐지. 그럼 할머니가 너희 똥 기저귀도 다 빨고 화장실 변기도 닦았으니까 이 손으로 한 음식 안 먹겠네?"

"아, 그게 아니고요. 냉동실에 얼음 얼리는 건 왜 빼 버리고 그렇게 하느냐고요."

누나는 답답한지 가슴을 쳤다. 그사이 아빠와 엄마가 돌아오셨다. 대표는 모처럼 가족이 함께 저녁을 먹을 수 있어서 좋았다.

"어우, 육수가 진짜 시원하고 맛있네요. 어머니 한 그릇 더 주세요."

아빠가 그릇을 내밀자 누나가 뭔가 말하려다 그만두었다. 아마 더러운 바늘로 얼음 깼다는 말을 하려다 만 것일 테다.

"어머니 냉면 삶는 솜씨는 알아 드려야 한다니까요. 어쩜 하나도 안 불었어요."

엄마가 냉면을 돌돌 말아 입에 넣으며 호들갑스럽게 말했다. 할머니는 식구들을 둘러보며 만족스러운 미소를 지었다.

"연예인들 나와서 떠드는 거 말고 동물 나오는 것 좀 틀어 봐라."

할머니 말에 엄마가 얼른 리모컨을 돌리자 지구 생태계와 환경에 대한 프로그램이 나왔다.

"누나, 쟤들은 왜 엉덩이가 저렇게 빨개?"

원숭이 무리가 모여 사는 장면을 보며 대표가 물었다.

"내가 어떻게 알아? 거기만 털이 없으니까 빨갛겠지."

누나는 예능 프로그램을 못 보게 된 것 때문에 툴툴거렸다. 잠시 후, 놀이공원에서 돌고래들이 쇼하는 장면이 나오고, 잇달아 몇 년 전 바다로 보내 준 제돌이가 친구들과 무리 지어 노는 모습이 나왔다.

"엄마, 다른 돌고래들은 그대로 두고 왜 쟤네들만 바다에 풀어 줬어요?"

"남방큰돌고래는 원래 멸종 위기 동물이라 함부로 잡으면 안 되는 거라서 그렇단다."

대표의 질문에 엄마가 냉면을 꿀꺽 삼키며 대답했다.

"난 사람들이 돌고래 쇼를 왜 반대하는지 모르겠어요. 원숭이 쇼, 물개 쇼는 다 하잖아요."

"음…… 돌고래는 지능이 무척 높대. 그래서 갇혀 있으면 다른 동물보다 엄청난 스트레스를 받아서 그런다나 봐."

"돌고래만 지능이 높은 건 아니잖아요. 그리고 동물이면 다 똑같은 거지 똑똑한 동물만 존중받는다는 게 말이 되나요?"

누나가 톡 끼어들었다.

"그렇다고 동물원에 있는 동물들을 다 돌려보내 줄 수는 없잖아."

"아따, 밥 좀 먹자. 냉면이 코로 들어가겠네."

대표가 이 말을 하는 순간 할머니가 젓가락으로 머리를 때렸다.

"누나도 얘기했는데 왜 저만 때려요."

대표는 머리를 문지르며 낯을 찡그렸다.

"밥 먹을 때는 조용히 밥이나 먹을 일이지 뭐 한다고 쓸데없이 물어 쌌는고?"

할머니가 채널을 돌려버리자 토론도 끝이 났다. 그러나 대표의 머릿속에서는 끊임없이 물음표가 생겨났다. 소나 돼지, 닭, 오리는 키워서 잡아먹으면서 왜 개나 고양이는 잡아먹으면 비난하는 걸

까? 어떤 동물은 존중받아야 하고 어떤 동물은 무시당해도 되나? 알바 신 아저씨는 질문을 많이 하면 할수록 그만큼 많은 답을 얻을 수 있다고 했는데 답은커녕 더 많은 질문만 생겨났다.

깊이알기

다이몬은 누구?

소크라테스는 일평생 '다이몬'이라는, 신성한 소리를 들었다며 다음과 같은 말을 했습니다.

"그것은 어린 시절 시작되었고 아직까지 계속되고 있다. 그 음성은 내가 가려고 했던 곳에서부터 방향을 틀게 한다. 그러나 결코 나를 강요하지는 않는다. 다이몬은 내가 정치에 참여하는 것을 원하지 않았다."

다이몬이란 고대 그리스에서 신과 인간 사이의 신적 존재로 여겨지다가 나중에 인간의 수호신을 의미하게 되었습니다. 그는 육체란 입다가 벗는 옷과 같아서 사람이 죽은 후 영혼은 새로운 육체 속으로 환생을 한다고 믿었는데요. 사람이 죽으면 영혼이 육체에서 빠져나와 세상에서의 행위를 판결받는데 깨끗한 영혼은 하늘로 난 구멍을 통해 올라가고 먼지투성이인 영혼은 땅으로 난 구멍으로 내려간다고 생각했답니다.

> 깊이알기

"배부른 돼지보다 생각하는 인간이 되겠다"

소크라테스는 지혜로운 사람이 되려면 어떻게 해야 하는지, 진리란 무엇인지, 이 세상에서 가장 중요한 것은 무엇인지를 깨닫기 위해 늘 깊은 생각에 잠겼습니다. 하루는 그가 아침부터 광장 한가운데 서서 생각에 잠겨 있는데, 친구들이 얼마나 갈지 지켜보았습니다. 그런데 저녁이 되고 밤이 돼도 꼼짝 않고 그 자리에 서 있는 거예요. 그러더니 결국은 아침이 되어서야 태양에 기도를 드린 다음 자리를 떴다고 해요. 소크라테스는 그만큼 깊이 생각하는 것을 중요하게 여겼지요.

우리의 몸은 끊임없이 맛있고 즐겁고 재미있는 것을 요구하지만, 그것을 과감하게 물리치고 영원한 가치를 찾으려 힘써야 합니다. 그 말이 바로 배부른 돼지보다 생각하는 인간이 되겠다는 뜻이랍니다.

4. 귀신 체험

"대표야, 동국아, 이리 와 봐."

피구가 끝난 후 승호가 수돗가에서 세수하며 두 아이를 불렀다.

"우리 오늘 밤에 귀신의 집 체험하는 거 어때? 내가 좋은 데 알아 뒀는데. 누가 제일 용감한지 시험하는 거야."

"귀신의 집이 어디 있는데?"

동국이가 귀를 쫑긋 세우며 물었다. 승호는 부광상사라고 몇 년 전 중국으로 이사 간 공장에서 밤마다 귀신이 나온다고 했다.

"음, 거기. 예전에 누가 공사하다가 떨어져서 죽었다며."

언제 왔는지 병준이가 고개를 쏙 디밀었다. 그 옆에는 찬하도 있었다. 대표는 찬하를 보고 고개를 돌렸다. 아직도 스마트폰에 대한 서운함이 가시지 않았다. 찬하도 그날 뒤로는 대표한테 말도 안 붙이고 데면데면했다.

"맞아, 나도 들었어. 건물에 유리를 끼우는데 유리가 떨어지는 바람에 사고가 났대."

"어우, 진짜 끔찍했겠다."

대표는 진저리를 쳤다.

"어때, 공포 체험하는 거 재밌을 것 같지 않냐? 다른 사람한테는 비밀로 하고 한번 가 보자."

아이들은 승호 말에 귀가 솔깃했다. 축구를 하고 싶었는데 피구만 하고 끝나서 뭔가 답답하고 몸이 근질거렸는데 신나는 놀이가 생긴 것 같아 마음이 끌렸다.

"히히히. 아, 떨려."

"몇 시에 어디서 만날까?"

"준비물은 손전등 어때?"

"그건 알아서 하고 저녁 8시 하와이 찜질방 앞에서 만나자. 혹시 자신 없는 사람은 조용히 빠져도 좋아."

아이들은 신이 나서 교실로 들어갔다. 대표는 찬하 때문에 껄끄러워서 안 갈까도 했지만 찬하 때문에 이렇게 재미있는 놀이에서 빠질 수는 없는 노릇이라 그냥 가기로 했다.

"넌 왜, 아까부터 똥마려운 강아지처럼 왔다 갔다 해. 똥 마려우면 화장실 가서 싸."

저녁 식사를 마치고 엄마가 소파에서 빨래를 개면서 말했다.

"그러게, 또 무슨 엉뚱한 일 벌여 놓고 저러는 거겠지."

누나가 스마트폰으로 게임을 하면서 추임새를 넣었다. 대표는 시계를 보았다. 7시 50분. 시침은 대표의 마음도 모른 체 아주 빠른 속도로 숫자들 위를 지나가고 있었다. 대표는 동국이와 모둠 숙제 마무리하는 걸 깜빡했다고 핑계를 대고 집을 나섰다.

"밤중에 놀이터에서 놀면 안 돼! 얼른 들어와."

현관문을 닫으려는데 엄마가 소리쳤다. 대표는 애들이 기다리다 갔으면 어떡하나 걱정이 됐다. 찬하를 비롯해 승호와 동국이가 겁쟁이라고 놀릴 것이기 때문이다. 엘리베이터에서 내리자마자 하와이 찜질방을 향해 냅다 뛰었다. 도착해 보니 역시 걱정했던 것처럼 아무도 없었다.

'저희끼리 벌써 갔나, 아니면 겁나서 한 명도 안 나온 걸까?'

대표는 영문을 몰라 두리번거렸다.

"너, 대표 아니냐?"

알바 신 아저씨다. 쓰레기봉투를 들고 나와 주변에 버려진 병이랑 재활용 쓰레기를 정리하고 있었다. 대표는 꾸벅 인사를 한 후 자기 친구들을 못 봤느냐고 물었다.

"이 밤중에 친구들은 만나서 뭐하게? 설마 귀신 잡으러 가는 건 아니겠지."

"어, 아저씨가 그걸 어떻게 알았어요?"

대표가 벌에 쏘인 듯 깜짝 놀라 물었다.

"내 귀에는 도청 장치가 되어 있지. 좀 전에 애들이 모여서 하는 소릴 다 들었거든. 늦게 오는 사람 보라고 애들이 저기다 뭘 붙여 놓고 가는 것 같던데."

아저씨가 '하와이 찜질방' 선간판을 가리켰다. 대표는 얼른 달려가 노란 포스트잇을 떼어 읽어보았다.

대표는 포스트잇을 읽자마자 건널목을 향해 뛰었다. 길을 건너니 더죤 피시방 맞은편에 승용차 한 대가 겨우 다닐 만한 길이 나 있었다. 누런 가로등이 비추고 있었지만 외진 길이라 사람의 그림자도 없었다. 군데군데 작은 밭이 있었는데 그 밭 주변에는 허름한 천막이 세워져 있었다.

"동국아, 승호야!"

대표는 무서움을 달래기 위해 소리를 질렀다. 하지만 개 짖는 소리만 요란할 뿐 아이들 목소리는 들리지 않았다. 그때 풀섶에서 부스럭부스럭하는 소리가 들렸다. 섬뜩한 기분이 들었다. 순간 무언가가 요란한 소리를 내지르며 훅 튀어나왔다. 조금 떨어진 후 보니 고양이 두 마리였다. 녀석들이 영역 싸움을 하는지 괴상한 소리를 내며 달아났다. 대표는 놀란 나머지 다리에서 힘이 쭉 빠졌다.

'안 되겠다. 그냥 집으로 가자.'

대표는 더는 갈 용기가 안 났다. 만약 아이들과 길이 어긋난 것이라면 낯선 길을 헤매다 진짜 귀신을 만날지도 모른다. 그리고 만에 하나 애들이 골탕 먹이려고 포스트잇만 붙여 놓고 집으로 가 버린 거라면……. 대표는 도리질을 쳤다. 비록 장난은 심하지만 그렇게까지 나쁜 아이들은 아니다.

"야, 유승호, 이병준!"

대표는 마지막으로 한 번 더 아이들을 불렀다.

"여이~ 대표야, 우리 여기 있어."

다행히 조금 떨어진 곳에서 아이들의 소리가 들려왔다. 하느님의 목소리를 들은 것보다 더 반가웠다. 아이들이 손전등을 휘휘 돌리며 있는 곳을 알려주었다.

"겁나서 안 오는 줄 알았는데 용케 찾아왔네."

동국이가 손전등을 얼굴에 비추며 웃었다. 노랑머리 때문에 구미호 얼굴처럼 보였다.

"어쭈, 우리 반 제일의 겁쟁이가 웬일이냐? 이런 일에 다 끼고."

대표가 동국이를 놀렸다. 동국이는 어찌나 무서움을 타는지 6시가 좀 넘어서 끝나는 학원은 아예 다니질 않는다.

"하이 공대표, 밤에 만나니까 더 반갑네."

"그러게."

대표는 두 아이의 목소리만 듣고도 아찔했다. 수미와 도영이가 왔을 줄이야.

"너희도 가려고?"

"응, 이렇게 재밌는 놀이에 우리가 빠지면 섭하지."

두 아이는 워커에 모자까지 쓰고 제대로 차리고 나왔다.

"찬하는?"

아이들은 대표를 보고 물었다.

"몰라, 겁나서 빠지는가 보지."

대표가 딱딱하게 말했다. 아이들은 가로등도 없는 길을 걸어 부광상사 공장 철 계단을 올라갔다. 공장은 아래서 보니 드라큘라 백작의 성보다 더 높고 음침해 보였다. 철 계단이 얼마나 좁고 가파

른지 발을 헛디뎠다가는 뼈도 못 추릴 것 같았다.

'삐걱삐걱.' '텅 텅 텅.'

아이들이 한발 한발 디딜 때마다 요란한 쇳소리가 났다. 승호가 먼저 커다란 철문을 열고 손전등을 비추었다. 문이 열리자 '텅~' 하는 소리가 한참 동안 울려 퍼졌다.

"우우, 으스스하다."

동국이가 손전등을 휘휘 비추며 말했다. 공장 안에는 낡은 기계가 아무렇게나 놓여 있고 거미줄이 얼기설기 엉켜 있었다. 그리고 벽면 한쪽에는 발판이 부서진 사다리가 위태롭게 걸쳐져 있었다.

"잠깐, 저기에서 무슨 소리가 들리는 것 같아."
"응? 무슨 소리?"
수미가 잔뜩 겁먹은 소리로 물었다.
"잘 들어 봐. 전설의 고향에서 나오는 칼 가는 소리 같지 않냐."
"뭐, 칼 가는 소리? 난 그만 집에 갈래."
동국이가 벌벌 떨며 대표 등 뒤로 찰싹 붙었다.
"어? 진짜 무슨 소리가 들린다."
'그그긍, 스스륵, 그긍 극극극.'
아주 가까이서 누군가 문을 긁는 것 같았다. 공기가 얼어붙는 것 같은 긴장감이 맴돌았다.
"엄마야, 귀신인가 봐!"
동국이가 갑자기 소리를 꽥 지르더니 맞은 편 문을 열고 후다닥 뛰어갔다. 그 바람에 아이들도 서둘러 옆 칸으로 들어갔다. 아이들은 여기저기 손전등을 비추어 보았다. 그러자 녹슨 드럼통 몇 개

와 의자, 먼지를 뒤집어쓴 선풍기 같은 것들이 아무렇게나 나둥그러져 있었다.

"저기 파란 불빛 뭐니?"

수미가 드럼통 뒤쪽을 가리키며 속삭였다. 대표는 소름이 오슬오슬 돋았다.

"어디, 어디?"

정말 어둠 속에서 악마의 눈동자 같은 것이 빛나고 있었다.

"으르렁, 으르렁."

손전등 불빛이 지나간 곳에서 사나운 동물 소리가 났다. 승호가 다시 불빛을 비춰 보니 놀랍게도 그곳에는 무시무시한 동물들이 아이들을 노려보고 있었다.

"윽, 늑대다."

승호가 기어 들어가는 소리를 냈다. 아이들이 슬금슬금 뒷걸음질을 치는 순간이었다.

'크엉 크엉!', '우엉 우엉!'

거대한 짐승이 사납게 짖으며 달려들었다.

"으악, 사람 살려!"

아이들은 앞을 다투어 문을 열고 밖으로 뛰어나갔다. 그러자 짐승들도 사납게 짖으며 따라왔다. 승호는 얼마나 무서웠는지 신발이 벗겨진 줄도 모르고 달아났다. 대표는 달리다 넘어지자 아예 납

작 엎드려 버렸다. 일어나서 도망치면 짐승들이 더 사납게 달려들 것 같았기 때문이다.

"순돌, 순이 안 돼. 이리 와!"

그때 뒤쪽에서 남자 애 목소리가 들렸다.

"순돌, 순이 그만, 앉아!"

그 목소리에 거대한 짐승들은 믿을 수 없을 만큼 얌전해졌다. 그리고 조용히 앉아 주인이 오기까지 기다리고 있는 게 아닌가. 아이들은 얼음이 된 듯 그 자리에 멈춰 섰다. 그리고 맹수를 잠잠하게 한 사람이 누군지 나타나길 기다렸다.

"잘했어!"

맹수들 앞으로 다가온 사람을 본 순간 아이들은 한 번 더 놀라고 말았다. 어둠 속에서 모습을 드러낸 건 다름 아닌 찬하였기 때문이다.

"야, 너 미쳤어? 개는 왜 데려오고 야단이야?"

"진짜, 놀라서 간 떨어질 뻔했잖아."

도영이와 수미가 겁에 질려 노려보았다.

"귀신 나올까 봐 무서워서 데려왔지."

찬하는 머리를 긁적였다. 눈매가 고약하게 생긴 시베리안 허스키 두 마리가 꼬리를 흔들며 찬하를 쳐다보고 있었다.

"짜아식, 꼼짝없이 물려 죽는 줄 알았네."

"너 어떻게 된 거야. 왜 먼저 왔어?"

그때서야 저 멀리 도망갔던 승호와 동국이가 슬금슬금 다가왔다. 찬하는 개 산책시킨다는 핑계를 대고 일찍 데리고 나왔는데 개들이 가만있질 않아서 뛰다 보니 먼저 오게 됐다고 했다.

"근데 아까 스스륵 극극극 하던 소리는 뭐니?"

찬하가 물었다.

"너도 들었어?"

"그럼 분명히 개 소리는 아니라는 얘긴데……. 진짜 귀신인가?"

수미가 목을 움츠리며 미심쩍은 표정을 지었다.

"그럼 이번엔 사람도 한 명 더 늘었고 개도 있으니까 진짜 귀신이 있는지 다시 들어가서 찾아보자."

"우우, 벌써 다리가 떨린다."

승호 말에 동국이가 자신 없는 소리를 했다.

"무서운 사람은 여기서 기다려도 돼."

"여기서 혼자 있는 게 더 무섭다 뭐."

동국이는 누가 떼어놓기라도 할까 봐 얼른 승호 팔짱을 꼈다. 그리고 조금 전 난리를 치며 나온 공장으로 다시 발걸음을 옮겼다.

"여기 아까 문 열어 놓고 나오지 않았냐? 근데 왜 닫혀 있지?"

대표의 목소리가 몹시 떨렸다.

"그러게. 아까 개 때문에 뛰어나오느라 문 닫을 새도 없었는데."

"바람에 닫혔나 보지."

"그런가?"

아이들은 문 앞에서 잠시 망설였다. 그러자 승호가 용감하게 문을 열고 들어갔다.

'사샤샥, 스스륵, 극극극.'

여전히 기분 나쁜 소리가 났다.

"대표야, 손전등 좀 비춰 봐."

동국이가 잔뜩 움츠린 채 말했다. 대표와 승호가 손전등으로 구석구석을 살펴보았다.

그 순간 어디선가 요란한 웃음소리가 흘러나왔다.

"으하하하, 낄낄낄."

아이들은 그 자리에 털썩 주저앉고 말았다.

"엄마야!"

"으악!"

아이들이 비명을 지르는 순간 하얀 얼굴에 피 묻은 얼굴이 나타났다.

귀신의 머리는 헝클어져 있고 피가 눈과 코에서도 흐르고 있었다.

"그렇게도 귀신 보는 게 소원이냐? 난 몽천동 귀신이다!"

눈까지 새빨간 귀신이 얼굴에 손전등을 비추자 개들도 몇 번 컹컹 짖다 슬금슬금 물러났다.

"악! 누…… 누구세요."

아이들이 난리를 치고 있는데 승호가 개미만 한 목소리로 물었다. 왜냐하면 진짜 귀신이 손전등을 들고 있을 리 없기 때문이다.

"몽천동 귀신이지 누구야. 너희 용수역 귀신, 몽천동 귀신 그런 거 좋아하잖아."

"가만, 이 목소리는 혹시……."

"그래 나다."

대표가 요리조리 살피자 귀신이 가면을 벗으며 소리쳤다.

"아, 뭐예요."

"아저씨 때문에 심장마비 일으킬 뻔했잖아요."

아이들은 그 자리에 털썩 주저앉고 말았다.

"난, 너희 비명 소리 때문에 귀청이 찢어질 뻔했다. 귀신 체험 하러 왔다며, 귀신을 봤으면 인사를 해야지 소리는 왜 질러."

몽천동 귀신 소동을 일으킨 사람은 다름 아닌 알바신 아저씨였다. 아이들끼리 밤에 문 닫은 공장에 간다기에 걱정돼서 뒤쫓아 와 봤다

고 했다. 그런데 아무 일도 없으면 너무 시시할 것 같아 이벤트를 해 준 거란다. 아이들은 계속해서 가슴을 쓸어내렸고 아저씨는 뭐가 좋은지 낄낄거리며 웃었다.

"근데요, 아저씨 저 소리는 뭘까요?"

"무슨 소리?"

잠시 조용하자 또 그 스스륵거리는 소리가 났다.

"너희는 저게 무슨 소리 같냐?"

"귀신이 칼 가는 소리요."

"괴물이 이 가는 소리요."

"그럼 저 소리의 정체가 뭔지 직접 한번 찾아볼까?"

아저씨는 씩 웃더니 일어나 아이들을 철 계단 쪽으로 데리고 나갔다. 그리고 공장 맨 위쪽에 손전등을 비췄다. 거기에는 늙은 호박만 한 환풍기가 있었다. 환풍기가 워낙 낡아서 날개 한쪽이 떨어졌는데 그게 돌아갈 때마다 이상한 소리를 냈던 것이다. 그때서야 아이들은 자기들이 얼마나 어리석었는지 깨달았다.

"내가 소크라테스와 제자가 나눈 얘기 중에 동굴의 비유라는 재미있는 얘기 하나 들려주마."

아저씨는 아이들과 함께 공장을 빠져나오며 말했다. 아이들은 앞서거니 뒤서거니 걸으며 아저씨 얘기에 귀를 기울였다.

"아주 오래전에 한 동굴이 있었는데 그곳에는 동굴 밖을 한 번도 나가보지 못한 사람들이 살고 있었단다. 그들은 너무나 오랫동안 동굴 속에서만 살아서 밖으로 나가면 괴물들이 자기들을 잡아갈 거라고 생각했어. 그 사람들이 본 건 동굴 천정에 비친 사슴이나 토끼 같은 동물의 그림자였는데 그게 끔찍한 괴물인 줄 알고 자기들을 잡아갈 수 없도록 스스로를 쇠사슬로 묶어 두기까지 했지."

"그런 바보들이 어디 있어요. 그림자만 보고 무서워서 평생 동굴 속에서만 살았다고요?"

수미가 말도 안 된다는 투로 말했다. 그러자 눈치 빠른 도영이가 야무지게 나섰다.

"그러니까 우리도 동굴에 사는 사람들처럼 멍청하다 그 말이죠? 환풍기 도는 소리가 귀신 칼 가는 소리라고 무서워했으니까요."

"맞아, 아까 너희는 분명히 동굴 안에 있었어. 그래서 어떤 일들이 있었니?"

"순돌이와 순이가 괴물인 줄 알고 도망쳤고요, 아저씨가 몽천동 귀신인 줄 알고 놀라서 기절할 뻔했어요."

"사실은 그게 아니었는데 왜 그랬을까?"

"다 같이 두려움에 사로잡혀 있어서요."

승호가 말했다.

"그런데 지금은?"

"지금은 모든 것을 다 알았으니까 무섭지 않아요."

"소크라테스는 우리가 정말 두려워하는 게 무엇인지 아는 게 진정한 용기라고 했단다. 그리고 눈에 보이는 대로 따르는 것이 아니라 올바로 보려고 노력할 때 진실을 볼 수 있다고 했지."

아이들은 하나같이 고개를 끄덕였다.

"아저씨 말씀을 들으니까 어쩌면 우리 마음속의 두려움이 귀신을 만들어 내는 건지도 모르겠다는 생각이 들어요."

수미가 횡단보도에 이르자 아저씨를 똑바로 보며 말했다.

"그러니까 오늘 우리는 귀신 체험을 통해 귀신이 이 세상에 없다는 걸 깨달은 거네요."

찬하가 순돌이와 순이가 딴 데로 가려하자 목줄을 당기며 말했다.

"이동국, 이제 귀신 나온다고 무서워하기 없기다. 그런 건 다 두려움이 만들어 낸 그림자니까."

대표 말에 동국이가 자신이 없는지 피식 웃기만 했다. 아저씨와 아이들은 건널목을 건너와 하와이 찜질방에서 인사하고 각자의 집으로 돌아갔다. 대표는 아파트 엘리베이터에서 누나의 얼굴을 떠올리며 음흉한 미소를 지었다. 대표의 손에는 알바 신 아저씨가 버린 몽천동 귀신 가면이 들려 있었기 때문이다.

깊이알기

플라톤의 대화편

플라톤은 30여 편의 책을 썼는데 그의 책 대부분에는 소크라테스가 등장합니다. 소크라테스가 주인공인 것도 있고 이야기를 전개하는 사람인 경우도 있어요. 그의 책 속 소크라테스의 입을 통해 나오는 철학적 내용들은 어느 정도는 플라톤 자신의 사상이라 볼 수 있습니다. 플라톤의 저서는 거의 대화체로 이루어져 있어 그의 저서를 『플라톤의 대화편』이라고 통칭합니다. 그는 인간의 영혼을 정화하는 것이 철학의 목적이라 여겼고 그러기 위해서는 글보다는 말이 훨씬 효과적이라 생각했어요.

『플라톤의 대화편』은 구체적인 시간과 장소를 배경으로 하고, 실재한 역사적 인물들이 등장한다는 것이 특징입니다. 작품 안에서 주요한 대화자 역할을 하는 인물의 이름을 따서 제목을 정하기도 하였는데 『고르기아스』, 『크리톤』, 『메논』, 『파이돈』, 『프로타고라스』 등이 있어요.

> 깊이알기

"정말 두려워하는 게 무엇인지 아는 게 진정한 용기이다."

플라톤이 쓴 『국가』에는 '동굴의 비유'라는 이야기가 나옵니다. 커다란 동굴 속 죄수들은 어린 시절부터 그곳에서 발과 목에 사슬을 묶여 살고 있었어요. 울려 퍼지는 동물의 울음소리에 소스라치게 놀랐고, 천장에 비친 동물 그림자에도 두려워 떨었습니다.

그러나 동굴 밖 세상을 궁금하게 여기던 한 아이는 어느 날 동굴에서 나가 보기로 합니다. 아이는 갑작스런 태양빛에 눈을 뜰 수가 없었어요. 아이는 울면서 괴물이 자기를 잡아가기만 기다리고 있었지요. 하지만 시간이 지나자 눈이 밝아졌고 아름답고 신비한 세상을 보고 깜짝 놀라고 맙니다. 아이는 서둘러 동굴로 돌아가 이 소식을 전했지만 사람들은 정신이 이상해진 거라며 아무도 믿지 않았습니다. 아이의 말을 믿고 용기를 내서 동굴 밖으로 나왔더라면 그들의 삶은 어떻게 달라졌을까요?

5. 다시 돌아온 해린이

2학년 때 지방으로 이사 갔던 해린이가 다시 돌아왔다. 찬하와 해린, 대표는 같은 유치원을 나왔고 초등학교 1, 2학년 동안에도 같은 반이었다. 그런데 해린이 부모님이 이혼하는 바람에 엄마를 따라 멀리 이사를 갔었다. 해린이는 누구보다 착하고 예뻤다. 키우던 햄스터가 죽었을 때도 눈물을 흘리며 함께 묻어 주었다.

"해린아, 어떻게 다시 이사 온 거야?"

대표가 물었다. 해린이는 여전히 뽀얗고 예뻤다.

"음, 전에는 엄마하고 살았는데 아빠가 재혼하면서 날 데리고 왔어."

태연한 척 말했지만 표정에서 어두운 그림자를 느낄 수 있었다.

2교시가 끝난 후, 수미와 해린이가 다퉈 아이들이 빙 둘러섰다.

"이거 내가 어제 산 샤프야. 이리 내놔."

수미가 해린이 손에 있는 샤프를 뺏으려 했다.

"이 샤프는 문구점마다 다 있는데 어째서 네 거야? 나도 어제 엄마랑 마트에 장 보러 갔다가 산 거거든."

해린이가 기가 막힌다는 듯 빤히 노려보았다.

"그럼 조금 전까지 썼던 내 샤프가 금방 어디로 가니?"

"그걸 내가 어떻게 아니?"

아이들은 누구 말이 맞는지 몰라 두 아이 얼굴을 번갈아 살폈다. 하지만 누가 거짓말하는지 도무지 알 수가 없었다. 수미가 울먹이며 책상에 푹 엎드렸다.

점심시간에 해린이가 뒷자리에 앉은 다은이에게 말을 걸었다.

"다은아, 내가 햄버거 사줄까? 아빠가 어제 용돈 주셨거든."

"진짜야?"

다은이는 침을 꿀꺽 삼켰다.

"당근이지, 우리 아빠는 고기 도매업을 하시는데 돈을 진짜 많이 버신다니까."

"나도 사주라."

옆에 있던 승호와 동국이까지 나섰다.

"알았어. 청소 끝나면 너희도 데려갈게. 이번에 새로 나온 3단 치킨버거 진짜 맛있더라. 찬하고 대표도 같이 가자."

해린이가 고개를 옆으로 까딱해 보였다. 분위기는 완전히 해린이에게로 기울었다. 조금 전까지 의혹 어린 눈빛으로 바라보던 아이들도 금세 우호적으로 바뀌었다.

"으이구, 너는 샤프 간수 좀 잘하지. 어디다가 잃어버리고선."

다은이가 수미를 향해 혀를 찼다. 그러자 다른 애들도 고개를 저으며 자리로 돌아갔다. 수미는 얼이 쏙 빠져 아이들을 바라봤다.

"해린아, 나도 가면 안 돼?"

도영이가 겸연쩍게 웃으며 해린에게 다가왔다. 수미의 일은 안됐지만 공연히 해린이와 담을 쌓을 필요는 없다고 생각한 모양이다. 해린이는 인심 쓰듯 고개를 끄덕이고, 대여섯 명쯤 되는 애들을 데리고 학교를 나왔다. 그리고는 길 건너 버스 정류장에 있는 햄버거 전문점에 가서 3단 치킨버거와 콜라를 시키고 만 원짜리 세 장을 척 냈다. 이렇게 공짜 치킨버거와 콜라 맛을 본 애들은 해린이가 하라는 건 뭐든 다 했고 톱밥으로 핫케이크를 만든다 해도 믿었다.

"앞으로는 수업 태도나 과제 수행 능력에 따라 노란 쿠폰을 주기로 한다. 이 노란 쿠폰을 20개 모으면 청소 면제 쿠폰, 컴퓨터 사용 쿠폰, 내가 먼저 쿠폰, 체육 대장 쿠폰으로 바꿔 줄 거야."

선생님 말씀에 아이들은 입이 헤벌쭉 벌어졌다. '내가 먼저 쿠폰'

이 있으면 뭐든 자기가 제일 먼저 하는 것이고, '체육 대장 쿠폰'은 체육 시간에 피구를 할지, 축구를 할지 마음대로 정할 수 있다. 이 날부터 아이들의 관심은 오직 노란 쿠폰에 있었다.

"오늘 우리 집에 가서 놀자. 내가 스파게티 해 줄게. 엄마는 외할머니 집에 갔다가 늦게 온다고 하셨거든."

해린이가 같은 모둠 애들을 둘러보았다.

"오, 해린이 스파게티도 할 줄 알아? 근데 나 학원 가야 된다."

동국이가 입맛을 다셨다.

"아, 나도 영어 학원 때문에 안 되겠다."

다은이가 아쉽다는 표정을 지었다.

"너, 안 갈래?"

해린이가 대표를 보았다.

"나?"

대표가 화들짝 놀라 물었다. 그러자 해린이가 고개를 끄덕였다. 대표는 엉겁결에 해린이를 따라나서게 됐다. 1, 2학년 때는 둘이 노는 게 재미있었는데 4학년이 되니 왠지 어색하고 쑥스러웠다.

"슈퍼마켓에 들러서 스파게티하고 우유 좀 사자."

해린이는 지갑을 꺼내더니 아파트 앞 작은 슈퍼로 들어갔다. 대표도 졸래졸래 따라갔다.

해린이가 바구니에 스파게티와 우유를 담았다. 그리고는 껌과 젤리가 있는 곳에서 멈춰 섰다. 해린이는 마트를 한 바퀴 둘러보더니 물건을 고르는 척하면서 대표 주머니에 뭔가를 넣었다. 대표가 그걸 꺼내려 하자 가만히 있으라는 듯 팔꿈치로 툭 쳤다.

"아저씨, 이거 계산해 주세요."

해린이는 스파게티와 우유를 계산대에 올려놓았다. 대표는 가슴이 두근거려 손이 다 떨렸다.

"흠, 대표구나. 여자 친구가 예쁘네."

대표는 흠칫하여 주인을 보았다. 바로 알바 신 아저씨였다. 들어갈 때는 해린이 뒤만 따라가느라 아저씨를 못 보았던 것이다.

"아저씨, 여기서도 알바 해요?"

"그렇게 됐네. 여기 아줌마가 오늘 아기를 낳으러 가셨거든."

아저씨가 눈썹을 올렸다 내렸다. 대표는 웃지도 못하고 굳은 얼굴로 마트를 빠져나왔다. 볼록하게 튀어나온 묵직한 주머니가 곧 터질 시한폭탄처럼 느껴졌다.

"호호호, 너 아는 아저씨야? 그럼 조금만 훔칠걸."

엘리베이터에서 해린이가 재미있다는 듯 웃었다. 대표는 아직도 뭐가 뭔지 몰라 어리둥절했다. 해린이는 현관문을 열고 집으로 들어가자마자 주머니에서 껌과 막대 사탕, 젤리를 꺼내 식탁에 놓았다. 대표는 숨이 막혀 아무 말도 못 했다.

"너도 꺼내 봐. 내가 몇 개 챙겨 줬잖아."

대표는 최면에 걸린 사람처럼 주머니에 있는 물건을 꺼냈다. 비싸서 평소에 잘 사 먹지도 못하는 껌과 사탕이 한 움큼 나왔다.

"이거 먼저 먹고 있어. 내가 금방 크림 스파게티 만들게."

대표는 앞에 있는 애가 자기가 그토록 좋아하던 그 해린이가 맞나 싶었다.

"너, 도둑질하면 안 되는 거 알잖아. 근데 왜 그랬어."

"갖고 싶으니까. 그리고 놀이 기구 타는 거처럼 아슬아슬하고 재밌잖아. 넌 안 그래?"

해린이는 별걸 다 묻는다는 투였다.

"이제 너랑 안 놀 거야. 수미 샤프 없어진 것도 네가 그랬구나?"

대표가 굳은 표정으로 물었다.

"맞아, 난 샤프 산 적 없어. 새엄마는 그런 거 안 사 주거든. 내 책상 서랍에 우리 반 애들 물건 엄청 많아."

대표는 해린이가 무서워졌다. 예쁜 여자였다가 순식간에 확 변하는 마녀를 보고 있는 것 같았다.

"그럼 돈은 어디서 나서 그렇게 막 쓰는 거야?"

"새엄마나 아빠 지갑에서 몰래 1~2만 원씩 꺼내. 내가 친구들한테 햄버거나 피자를 안 사 주면 개들도 날 싫어하겠지. 엄마도 할머니도 아빠와 새엄마도 날 버렸으니까. 이 세상에서 날 사랑하는 사람은 아무도 없어."

해린이 눈에 눈물이 어렸다. 복잡한 감정이 대표의 마음을 휘젓고 지나갔다.

"자, 이거 받아."

해린이가 필통 밑에서 노란 쿠폰을 꺼냈다.

"이건……."

"맞아, 선생님이 만든 쿠폰이야."

"근데 이걸 네가 왜……."

"아무도 몰래 선생님 서랍에서 조금씩 훔쳤어. 그래야 청소 면제 쿠폰도 받고 컴퓨터 사용 쿠폰도 받을 거 아냐."

대표는 해린이가 왜 이렇게 변했는지 모르겠다고 생각했다. 자기도 이제껏 말썽만 일으키고 살았지만 이런 경우는 처음이다.

"나, 여기 더는 못 있겠어. 마음이 너무나 복잡해. 이건 돈 안 낸 거니까 도로 갖다 줄게."

대표가 식탁에 있는 껌과 사탕을 모두 가방에 넣었다.

"설마, 애들한테 다 말할 거니?"

해린이가 뒤돌아서서 물었다. 대표는 그냥 고개만 저었다. 엘리베이터를 타고 내려오는데 눈물이 나왔다. 짜증나면서도 불쌍하고 화가 나면서도 슬펐다.

대표는 오래전 찬하네와 해린이네와 함께 강원도 야영장으로 캠핑 갔던 일이 떠올랐다. 개울에서 수영하다가 찬하 팬티가 벗겨져서 웃었던 일, 밤에 숯불에 고기 구워 먹으며 놀았던 일, 족대로 고기 잡는다고 고기를 몰다가 물풀에 다리가 다 쓸렸던 일……. 모두가 꿈결처럼 아련하기만 했다. 찬하와 멀어진 것도 괴로운데 해린이까지 이렇게 변하다니…….

'해린이를 이렇게 두어선 안 돼.'

대표는 의미심장한 얼굴로 다시 해린이 집으로 갔다. 해린이도 울었는지 눈과 코가 빨갰다.

"해린아, 나랑 잠깐 갈 데가 있어. 얼른 나와 봐."

대표가 해린이 손목을 잡아당겼다. 해린이는 영문을 몰라 하며 슬리퍼를 신고 따라나섰다. 대표가 아까 그 슈퍼마켓으로 들어가려 하자 해린이가 멈춰 섰다.

"괜찮아, 이 아저씨 정말 좋은 분이셔."

대표가 부드러운 얼굴로 해린이를 안심시켰다. 해린이는 다 포기한 듯 어깨를 축 늘어트리고 따라 들어 왔다.

"아저씨, 정식으로 소개할게요. 얘는 제 친구 해린이에요. 아까 모르고 계산을 안 한 게 있어서 돈 드리러 왔어요."

대표는 주머니에서 사탕과 껌을 한 움큼 꺼내 놓았다. 아저씨는 해린이와 대표의 표정을 보더니 꼭 필요한 거 아니면 사지 않아도 된다고 했다.

"그럼 원래 자리에 갖다 두고 올게요. 괜찮지 해린아?"

해린이가 고개를 끄덕이자 대표가 물건들을 들고 뒤쪽으로 갔다.

"대표 친구면 내 친구나 마찬가지니 이리 앉아 봐."

아저씨는 해린이에게 빨간색 플라스틱 의자를 내주었다. 해린이는 몹시 긴장한 표정으로 의자에 앉았다. 대표가 돌아오자 아저씨는 자기가 대접하는 거라며 비타민 음료를 한 병씩 주었다.

"오늘도 소 선생님 책 읽고 계셨네요."

대표가 소크라테스 책으로 시선을 던지며 말했다.

"그래, 이 책을 보니 우리 소 선생께서는 말이다, 평소 청년들에게 착하다는 것은 무엇인가? 정의란 무엇인가? 하는 질문을 많이 했다는구나. 대표야, 착하다는 것은 뭘까?"

아저씨가 부드러운 얼굴로 물었다.

"어려운 사람 도와주고 정직하게 사는 거 아니에요?"

아저씨가 왜 이런 질문을 하는지 눈치 챘기에 대표는 더욱 분명하게 말했다.

"그래 맞는 말이다. 그런데 소크라테스는 사회가 만들어 놓은 규범을 잘 지켜서 질서를 어지럽히지 않고 여러 사람에게 이롭게 행동하는 것을 착하다고 했단다."

아저씨가 조심스레 해린이를 보았다.

"그럼 정의는 무엇이라고 할 수 있을까? 해린이가 대답해 볼래?"

해린이는 머뭇거리다가 한참 만에 입을 열었다.

"음. 나쁜 사람이 착한 사람을 괴롭히면 누가 나타나서 혼내 주는 거요."

"그렇지, 착한 사람이 악당한테 당해도 지켜 주지 못한다면 정의로운 사회가 아니지. 우리 소 선생께서는 사회 구성원들이 합의하여 만들어 낸 규칙, 즉 법에 따라 서로의 행위를 판단하는 것을 정의라고 했단다."

"결론은 법을 어기면 착하지도 않고 정의롭지도 않은 거네요."

해린이가 무표정한 얼굴로 말했다.

"햐, 대표 친구는 역시 다르다니까. 하나를 가르쳐주면 열을 깨닫는구나."

대표는 원래 해린이가 눈치가 좀 빠른 편이라며 맞장구를 쳤다. 그러나 해린이는 곧 눈물이 떨어질 것 같은 표정을 지었다.

"우리 아빠와 새엄마는 법을 어기지는 않았지만 착하지도 않고 정의롭지도 않은 악당이에요. 새엄마는 날 미워하면서도 내가 엄마랑 살고 싶다는데도 보내 주지 않아요."

대표는 전기가 짜르르 흐르는 것 같은 아픔을 느꼈다. 아저씨도 몹시 안쓰러운 듯 얼굴을 찌푸렸다.

"우리 아버지는 술주정뱅이였단다. 그래서 매일 술을 먹고 와서 엄마와 우리를 괴롭혔지. 그래서 나는 아버지한테 나중에 크면 꼭 거지가 되겠다고 했단다. 왜냐하면 나도 아버지의 마음을 아프게 해 주고 싶었거든. 하지만 아버지의 마음을 아프게 하는 게 곧 나를 불행하게 만드는 일이라는 걸 몰랐어. 물론 내가 잘 안 됐을 때 아버지도 좋지는 않았겠지만 가장 고통스러운 건 나였으니까."

그러면서 아저씨는 자기가 겪었던 숱한 어려움과 노숙자로 지냈던 것까지 이야기했다. 노숙자였다는 말을 들었을 때는 해린이 눈이 절로 커졌다. 그러면서 표정도 달라졌다. 처음에는 차갑고 딱딱한 얼굴로 아저씨를 빤히 보았는데 이제는 아저씨 얘기에 고개까지 끄덕였다.

"부모님에 대한 원망이 있다고 해서 너 자신을 괴롭히지는 말아라. 이 세상에서 널 가장 아끼고 사랑해 줄 사람은 너밖에 없으니까."

그러면서 아저씨는 힘들고 어려운 일이 있을 때 언제든 찾아와 의논하면 도움을 주겠다고 했다.

"그래 해린아, 나도 너한테 힘이 되어 줄게. 우린 친구잖아."

대표가 해린이의 어깨를 다독였다. 그러자 해린이도 애써 눈물을 삼키며 미소 지었다.

> 깊이알기

소크라테스의 정의란?

　이성적 존재인 인간이 추구하고자 하는 바르고 곧은 것을 정의(正義)라고 합니다. 소크라테스는 평소 청년들에게 '착하다는 것은 무엇인가?' '정의란 무엇인가?'를 질문하고 가르쳤어요. 소크라테스가 말하는 착하다는 것은 사회적 규범을 잘 지켜서 질서를 어지럽히지 않고 오히려 사회를 위해 봉사하고 이롭게 하는 행동입니다. 개인이 모여 사회를 이루고 있기 때문에 누군가가 법과 질서를 무너트리면 사회에 피해를 주는 것이죠. 더 나아가 약한 자에 대한 배려와 누군가에 대한 사랑, 보다 나은 삶을 위한 노력과 절제도 정의에 포함된다고 하겠습니다.

깊이알기
"정의란 무엇인가?"

역사상 많은 독재자들은 소크라테스의 유명한 명언인 '악법도 법이다'란 말을 인용하여 시민이나 반대 세력을 억압했습니다. 하지만 소크라테스는 국가의 법에 복종하는 것은 동의하지만 정의롭지 못한 일을 해서는 안 된다는 원칙을 중요하게 생각했었지요.

그러므로 정의롭지 못한 법이 있을 경우 그것을 지키는 것은 정의롭지 못한 행위를 하는 것과 같은 것입니다. 국가가 정의롭지 못하다면 부당한 판결을 내려 죄 없는 사람이 억울함을 당할 수도 있기 때문이에요.

그런데도 불구하고 소크라테스가 독배를 마시고 죽은 것은 국가가 더 이상 철학하는 사람들을 구속하지 못하게 하고, 재판이 부당하다는 것을 스스로 증명해 보이려 했다는 의견도 있답니다.

6. 보이스 피싱

'삐약삐약.'

해린이와 교문을 나오는데 어떤 아줌마가 병아리를 팔고 있었다.

"와, 병아리 진짜 예쁘다."

분홍, 주황, 파랑으로 물들인 것도 있고 아닌 것도 있었다.

"아줌마, 저 병아리 네 마리만 주세요."

대표는 주머니에서 돈을 내고 작은 상자에 담아 주는 병아리를 받아 들었다.

"왜 이렇게 많이 사니?"

해린이가 병아리 머리를 쓰다듬으며 물었다.

"나, 병아리 농장 하려고. 텔레비전에서 봤는데 병아리 농장 하면 달걀도 팔고 닭도 팔아서 부자가 될 수 있대."

"병아리 네 마리로 무슨 병아리 농장? 너 엉뚱한 건 알아줘야 해."

해린이가 한숨을 쉬었다.

"요즘도 부모님이랑 안 좋아?"

대표는 내내 궁금하던 것을 물었다. 그러자 해린이는 실은 자기가 먼저 새엄마를 괴롭힌 거라고 했다. 엄마라고 부르기는커녕 손님들 앞에서도 아줌마라고 하면서 미운 짓만 골라 했다고.

"내가 새엄마를 미워하고 싫어하면 떠날지도 모른다고 생각했어. 그래야 우리 아빠 엄마가 다시 살 수 있잖아. 근데 지난번 그 아저씨 말 듣고 나서 마음을 바꿔 보려고 생각 중이야."

해린이가 어른같이 말했다.

"사랑까지는 아니지만 미워하지는 말자고. 그렇게 마음먹으니까 내 마음이 좀 편해지는 것 같아."

"잘했어. 정의롭게 사는 게 바로 행복한 거라잖아. 근데 만약 네가 잘해도 괴롭히면 그때는 나한테 말해."

대표가 으스대며 주먹을 쥐어 보였다.

"어이구, 너나 잘하세요. 너 찬하랑 그렇게 죽고 못 살더니 요즘 왜 그래? 애들한테 들었는데 스마트폰 망가트린 거 때문에 그런 거라며."

해린이는 어렸을 때 셋에서 놀던 일이며 엄마들이랑 전시관에 가거나 체험 학습 갔던 얘기를 했다. 갖가지 얼음 조각에다 화려

한 조명을 비추어 만든 빙등 축제에 갔던 일은 지금도 잊을 수가 없다면서. 동화 속 환상의 나라도 그보다 멋지지는 못했을 것이다. 얼음 미끄럼틀에서 셋이 찍은 사진은 지금도 대표 책상 위에 놓여 있다.

"찬하 아빠 다니던 회사가 부도나서 월급을 석 달 치나 못 받고 나왔대."

"네가 그걸 어떻게 알아?"

"우리 아빠가 찬하 아빠 회사 식당에 고기 납품했었잖아. 아빠가 하는 얘길 들었어."

해린이 말을 듣자 대표는 갑자기 죄인이 된 것 같은 기분이 들었다. 찬하가 말할 때는 스마트폰 값 물어주기 싫어 핑계 대는 거로 여겼는데 집안 형편이 정말 그렇게 안 좋다니……. 자기야말로 정의가 무엇인지 정말 모르는 사람이라는 생각이 들었다.

"오메, 대표야, 너 이게 뭐냐. 너희 치다꺼리하기도 바쁜데 병아리는 왜 사오냐."

병아리 상자를 들고 들어가자마자 할머니가 펄쩍 뛰셨다. 병아리가 있으면 사방 천지에 똥 싸고 다니고 무엇보다 시끄러워서 살 수가 없다고 하셨다.

"저놈들은 병이 들고 비실비실해서 양계장으로 못 가고 이리로

온 거다. 병아리 장수 가기 전에 얼른 갖다 주고 와. 얼른!"

할머니는 역정을 내며 대표 등을 떠밀었다.

"병아리들 똘똘하기만 하네요 뭘. 우리 아빠도 찬하네처럼 부도 나서 망하면 어떡해요. 그러니까 내가 병아리 농장 해서 1년에 10억씩 벌게요."

"갈수록 가관이네. 뭐, 병아리 네 마리로 10억을 벌어? 빚이나 10억씩 안 지면 다행이지."

"빚을 지다니요. 자라나는 새싹한테 그런 심한 말이 어디 있어요. 병아리 네 마리가 열 마리 되고 열 마리가 서른 마리 되고 그러다 보면 금방 농장할 수 있다고요."

대표가 베란다로 병아리를 갖다 놓자 할머니는 뒷목을 잡고 소파에 누우셨다. 대표와 할머니는 사사건건 부딪쳤다. 다른 집은 부모님께 혼나면 할머니가 막아 주는데 대표네 집에서 그런 일은 기대할 수도 없다. 대표가 말썽을 일으켜서 아빠한테 혼나면 할머니는 옆에서 얼마 전에 정수기 꼭지 깨트린 거며, 우유 통 잘못 닫아서 쏟은 일까지 일러바치신다. 그래서 거의 다 혼났다 싶었는데 다시 또 꾸중이 이어진다. 게다가 할머니는 방 청소를 하시면서 걸기적거리는 건 뭐든 내다 버린다. 얼마전 핸드폰 충전기와 이어폰도 재활용 통에서 겨우 찾았다.

"할머니, 제발 아무거나 버리지 말고 좀, 물어보고 버리세요."

대표와 누나가 말하면 할머니는 '그럼, 너희가 간수를 잘하면 될 게 아니냐?'며 큰소리를 치신다. 하지만 이렇게 당당한 할머니가 기가 푹 죽을 수밖에 없는 일이 터졌다.

엊그제 월요일이었다. 할머니가 다급한 목소리로 우체국에서 일하고 있는 엄마한테 전화를 하셨다.

"아무래도 내가 사기를 당한 거 같다. 방금 은행에서 전화가 왔는데 누가 내 이름으로 대출을 했다고 돈 나가는 걸 막으려면 자기가 불러 주는 대로 누르라는 거야. 그래서 가슴이 털컥해서 얼른 시키는 대로 했지. 근데 끊고 나서 생각해 보니 전화사기를 당한 거 같아."

이 소식을 들은 엄마는 서둘러 은행에 연락해 지급정지를 시켰지만 돈은 이미 빠져나가고 난 뒤였다. 할머니가 엄마나 고모 삼촌에게 받은 용돈을 아끼고 아껴 차곡차곡 모아 둔 건데 한꺼번에 날려 버린 것이다.

"아이 참, 그러니까 누가 전화해서 번호 누르라고 하면 얼른 끊으라고 했잖아요."

대표는 퉁명하게 내뱉었다.

"어머니는 그런 전화가 왔으면 얼른 끊고 우리한테 물어봐야지 그놈들이 하라는 대로 다 하면 어떡해요. 어이구, 답답해."

아빠도 가게 문을 닫고 달려와 가슴을 쳤다.

"내가 그 순간 뭐에 씌었었나 보다. 어이구, 늙으면 죽어야지……."

"아니에요. 어머니, 그놈들 수법이 워낙 치밀해서 안 당할 수가 없어요. 경찰에 신고해 놨으니까 무슨 소식이 오겠지요."

엄마가 위로했지만 할머니는 사기당한 충격에서 헤어나지 못하시고 자리에 눕고 말았다. 9층에 사는 할머니 친구가 잣죽도 끓여 오시고 이런저런 위로도 해 주었으나 소용없었다.

할머니가 앓아눕는 통에 대표만 바빠졌다. 누나는 학원 갔다 와서 소파에 앉아 스마트폰 게임에 빠지면 소리를 질러도 모른다. 그렇다고 대표까지 아무것도 안 할 수는 없었다. 왜냐하면 거실과 주방이 전쟁 난 집 같았기 때문이다. 거실 탁자와 소파에는 수건과 가방, 옷이 뒤엉켜 있었고, 주방에는 물속에 들어가지도 못한 바싹 말라붙은 설거지가 산더미처럼 쌓여 있었다. 라면 하나 끓여 먹을 냄비도 없었다.

"누나, 얼른 청소기 좀 돌리라고. 누나, 누나!"

대표가 음식물 쓰레기를 버리러 가면서 소리쳤다. 하지만 대표가 다시 돌아왔을 때까지 누나는 꼼짝도 안 했다.

'탕탕, 챙챙.'

대표는 냄비뚜껑 두 개를 누나 귀에 대고 심벌즈처럼 두드렸다.

"야, 너 미쳤어. 말로 하면 되지 귀청 떨어지게 무슨 짓이야?"

누나가 일어나더니 대표 머리에 꿀밤을 먹였다. 그리고는 우유에 시리얼을 타 먹고는 수학 과외 간다며 나가 버렸다.

"야, 이 못된 좀비, 울트라 똥돼지 찌질아!"

대표는 현관문에다 대고 소리쳤다. 그때 초인종이 울려 열어보니 해린이가 왔다.

"모둠 숙제 마무리하기로 했잖아."

대표가 뜨악한 표정으로 보자 해린이가 독서 신문을 내밀었다. 학교에서 거의 다 만들긴 했지만 '소크라테스와의 가상 인터뷰'가 남아 있었다.

"찬하도 곧 올 거야. 괜찮지?"

대표는 당황했다. 찬하와 화해를 해야겠다고 마음은 먹었지만 지금은 전혀 준비가 안 돼 있었기 때문이다.

"내가 숙제 때문에 소크라테스 책을 뒤지다 보니까 '지행합일설'이라는 게 나오더라. 소크라테스는 안다는 것은 실천하는 것을 뜻하기 때문에 알면서 실천하지 않는 것은 옳지 않다고 했어. 너도 찬하하고 화해하고 싶잖아."

"그렇긴 하지만……."

"대표야, 나도 이제 도둑질 안 할 거야. 남의 물건을 훔칠 때면

뭐라고 말할 수 없는 짜릿한 재미가 있었는데, 소크라테스 책을 읽다 보니 정말 부끄러운 짓이더라고. 이따금 나도 모르게 남의 물건을 주머니에 넣곤 했는데 이제는 절대 안 그래. 아무것도 모를 때 나 죄를 짓는 거야."

대표는 해린이가 소크라테스에 대해 그렇게 많이 알고 있을 줄은 몰랐다. 독서 신문 때문에 도서관에서 소크라테스 책을 많이 빌렸다는 건 알았지만 그새 다 읽었을 줄이야…….

잠시 후, 진짜로 찬하가 왔다. 대표는 뭐라고 말해야 할지 몰라 주스를 내밀었다. 찬하가 뭐라고 말하려는 순간 할머니가 문을 열고 비척거리며 나오셨다.

"누가 왔니? 대표야, 물 좀 다오."

아이들이 할머니께 인사를 했다. 대표가 주방으로 물을 가지러 간 사이 갑자기 해린이가 소리를 질렀다.

"할머니, 정신 차리세요. 대표야, 할머니가 쓰러지셨어!"

달려가 보니 할머니는 의식을 잃고 쓰러져 계셨다. 대표는 어찌할지 몰라 엄마한테 전화했다.

"내가 119에 전화할게."

찬하가 전화하는 사이 해린이가 할머니 몸을 주무르고 학교에서 응급 처치 시간에 배운 대로 고개를 옆으로 돌려놓았다. 혹시 토사물이 기도를 막을지 모르기 때문이다. 대표는 온몸을 와들와들 떨었다. 할머니가 돌아가실 것 같아 눈물이 났다.

'에엥~ 에~ 엥.'

구급차가 달려오고 구급 대원들이 할머니를 태우고 내려갔다. 그리고 대표와 찬하, 해린이도 차에 함께 탔다.

"울지 마 대표야, 할머니 곧 깨어나실 거야."

"그래, 너무 걱정하지 마. 괜찮으실 거야."

너무 놀라서 어쩔 줄 모르는 대표의 손을 찬하와 해린이가 꼭 잡아 주었다.

"아줌마, 저 찬하인데요. 우리 지금 구급차 타고 시티 병원으로 가니까 그쪽으로 오세요."

정신을 놓아 버린 대표를 대신해 찬하가 전화를 해 주었다. 응급실에 도착하여 의사가 진찰하고 링거도 놓아 주자 할머니는 의식을 찾았다. 엄마와 아빠도 헐레벌떡 병원으로 달려오셨다.

"신경성 실신입니다. 할머니가 요즘 충격받거나 크게 신경 쓸 일이 있으셨나요?"

의사가 물었다.

"아, 네~ 그놈의 보이스피싱 때문에……."

엄마는 말을 잇지 못했다. 아빠도 할머니 손을 어루만지며 한숨만 쉬었다.

"그래도 고혈압이나 뇌출혈이 아니니 다행입니다. 1주일 정도 입원 치료하면 퇴원하실 수 있습니다."

"어이구, 감사합니다."

아빠가 허리를 굽혀 몇 번이고 인사를 했다. 대표는 지옥문 앞까지 갔다 온 기분이었다. 할머니가 돌아가신다는 건 단 한 번도 생각해 본 적이 없다.

"할머니 많이 아파?"

대표는 할머니 손을 잡았다. 할머니는 힘이 없는지 웃을 듯 말 듯 했다. 병원에는 엄마가 남고 아빠와 대표는 집으로 돌아왔다. 할머니가 쓰러지셨다는 소식에 누나도 잔뜩 굳어 있었다.

가족들은 할머니가 병원에 입원하고 나서야 할머니의 빈자리가 얼마나 큰지를 깨달았다. 엄마는 직장에 갔다 와서는 곧장 할머니 병 간호하러 가야 했으니 집안 살림은 그야말로 엉망진창이 될 수밖에 없었다. 빨래며 청소는 고사하고 밥도 먹기 힘들었다. 그동안은 깨끗이 청소되어 있는 거실과 주방이 당연한 것으로 생각됐는데 그 모든 게 할머니가 쉼 없이 일한 덕분이라는 걸 깨달았다. 할머니는 맨날 된장국과 나물 반찬밖에 할 줄 모른다고 타박하고 아무거나 다 내다 버리니까 할머니가 제발 청소 좀 안 했으면 좋겠다고 말한 적도 있었다. 대표가 아주 어렸을 때부터 엄마 아빠가 직장 생활을 했기 때문에 할머니가 아니었다면 아무것도 할 수 없었을 거라는 걸 이제야 깨달았다.

쉬는 시간에 해린이가 대표와 찬하가 있는 자리로 왔다.
"너희 할머니는 좀 어떠셔?"
"많이 좋아지셨어. 그날 진짜 고마웠다고 할머니가 너희한테 전해 달래."
"오늘 공부 끝나고 할머니 병원에 가 볼까?"
해린이가 찬하와 대표를 번갈아 보았다.
"좋아, 엄마한테 허락받으면 돼. 같이 가자."
찬하도 고개를 끄덕였다.
그렇게 해서 셋은 병원 가는 버스에 올랐다. 어쩌다 보니 해린이는 어떤 언니 옆에 앉고 대표와 찬하가 같이 앉았다. 대표는 마음속에 있는 말을 꼭 하고 싶었는데 입이 잘 떨어지지 않았다.
"저…… 찬하야."
"음…… 대표야."

둘은 동시에 이름을 불렀다.

"내가 먼저 말할게. 찬하야 미안하다. 내가 너무 속이 좁았어."

대표가 손을 내밀었다.

"아니야, 조심성 없이 네 스마트폰을 망가트렸으니까 내 잘못이지. 미안해."

찬하도 대표의 손을 맞잡았다.

"그럼 이제 우리 둘 다 잘못했으니까 퉁치는 거다."

대표가 찬하의 어깨를 쳤다. 그러자 찬하가 대표 어깨에 팔을 올리며 웃었다. 앞에 앉은 해린이는 뒤에서 무슨 일이 벌어진 줄도 모르고 차창 밖을 두리번거렸다.

"아이고, 이 고마운 사람들이 문병까지 와 줬네. 너희가 아니었으면 벌써 염라대왕 앞에 갔을지도 모른다."

할머니는 아이들을 보자 함박웃음을 지으셨다. 그리고 퇴원해서 나가면 냉면을 맛있게 해 주겠다고 하셨다.

"근데 할머니, 얼음은 손 따던 바늘로 깨지 않기."

대표가 장난 말을 하자 할머니가 눈을 흘겼다. 아이들은 할머니 잡수시라고 손님들이 사다 놓은 음료수와 과일 빵을 모두 먹고 말

벗을 해 드리다가 병실을 나왔다.

"아니, 너희가 여기 웬일이냐?"

엘리베이터를 타러 가는데 입원실에서 알바 신 아저씨가 나왔다. 유난히 기다란 얼굴 땜에 금방 알아볼 수가 있었다.

"아저씨가 왜 여기 계세요?"

해린이가 놀라서 물었다.

"어? 아저씨는 모, 모…… 몽천동 귀신!"

찬하는 그날 얼마나 놀랐는지 아저씨를 보자, 말까지 더듬었다.

"너는 그날 시베리안 허스키를 두 마리나 데리고 왔던 찬하가 아니냐."

아저씨가 찬하 등을 툭 쳤다. 그리고 해린이한테는 반갑다며 악수를 청했다.

"어디 아파서 검사받으러 오신 거예요?

"내가 어디 아플 사람으로 보이냐? 병실에서 빨랫감 걷어 가는 중이다. 내가 알바 신 아니냐. 당연히 여기 병원에도 아르바이트를 뚫었지."

아저씨가 들고 있던 빨래 뭉치를 보여 주었다.

"도대체 아저씨는 아르바이트를 몇 개나 하시는 거예요?"

"나도 몰라. 그런 거 세어서 뭐 해. 내가 얼마나 열심히 사는지가 중요한 거지."

아이들은 마주 보며 고개를 절레절레 저었다.

"너희야말로 누가 편찮으시냐?"

아저씨가 들고 있던 빨랫감을 의자에 놓으며 물었다. 대표는 할머니가 보이스피싱 당한 거며 그것 때문에 가족들한테 핀잔도 듣고 마음고생 하시다가 쓰러진 얘기까지 다 했다. 그리고 그동안 할머니가 가족을 위해 얼마나 많은 일을 해 주셨는지 느꼈다고 했다.

"그런 일이 있었구나. 할머니가 오랜 세월 묵묵히 그 많은 일을 해 오신 건 모두 가족에 대한 사랑 때문이었을 거야. 그런데 뜻하지 않게 사기를 당한 데다 가족들로부터 비난까지 들으니 충격이 크셨겠지. 소크라테스는 우리가 늘 따뜻한 물에 있으면 그게 따뜻한지 모른다고 했단다. 하지만 따뜻한 물에서 찬물로 옮겨오면 그 물이 얼마나 따뜻했는지 느끼게 되는 거지. 할머니가 물처럼 공기처럼 모든 걸 해 주실 때는 그 고마움을 몰랐지만 막상 안 계시니 그 소중함을 알게 됐구나."

아저씨는 병원 아르바이트를 하는 동안 할머니를 잘 보살피겠다고 했다.

"너희 사랑의 신 에로스에 대해 들어 본 적 있니?"

"오늘도 역시 소크라테스 얘기로군요. 아저씨, 이제 다른 책도 좀 읽으면 안 돼요?"

"으이구, 가만히 좀 있어 봐. 아저씨 얘기 좀 듣게."

해린이가 대표 입을 막으며 아저씨 말을 기다렸다.

"고대 사람들은 전쟁의 신 아레스가 가장 힘이 세다고 믿지만 실은 에로스가 가장 용감한 신이었단다. 전쟁이 일어나면 사람들은 겁이 나서 달아나기 바쁘지만 사랑하는 사람을 위해서라면 기꺼이 자신의 생명이라도 바치려고 하거든."

"그러니까 결국 사랑하는 사람이 가장 힘이 센 거네요."

해린이가 의미심장한 표정을 지었다.

"그렇지. 더 많이 용서하고 더 많이 사랑하는 사람이 가장 강한 사람이란다. 혹시 친구 간에 잘못한 일이 있어도 먼저 용서하고 손을 내미는 게 진정한 용기고 사랑이지."

대표와 찬하는 서로의 눈을 바라보며 알 수 없는 미소를 지었다.

깊이알기

소크라테스의 지행합일설

'지행합일(知行合一)'은 말과 행동을 일치시키라는 말입니다. 사람은 누구나 알면 실천을 합니다. 바꿔 말하면 실천하는 것은 안다는 뜻이죠. 그러므로 알면서 실천하지 않는 것은 옳지 않아요.

하지만 안다고 해서 누구나 아는 것을 실천하지는 않지요. 소크라테스는 우리가 악을 행하거나 죄를 짓는 것은 무지 때문이라고 말했어요. 소크라테스는 왜 이런 주장을 했을까요?

그건 사람이 이성의 힘을 가지면 자연스레 선과 악을 구분하여 악을 멀리하고 선을 따라 행동할 것이란 사실을 믿었기 때문입니다.

깊이알기

"사랑을 안다면 사랑을 실천하라"

소크라테스는 참된 덕과 착함만큼이나 사랑을 중요하게 여겼으며 누구보다도 사람을 사랑했던 철학자입니다. 플라톤의 책 『향연』에는 다음과 같은 내용이 실려 있습니다.

'아주 옛날 이 세상 모든 것은 서로 다투기만 했다. 바닷물은 하늘로 올라가려 했고 산은 바다 깊은 곳으로 들어가 있고 싶어 했다. 바로 그때 사랑의 신이 나서서 모두를 설득하여 싸움을 멈추고 화합하게 했다. 그렇게 위대한 일을 할 수 있는 건 오직 사랑의 신인 에로스 밖에 없었다.

전쟁이 일어나면 많은 사람들은 겁쟁이가 되어 도망치기 바쁘지만 사랑하는 사람을 위해서는 자신의 생명이라도 바치려고 한다. 에로스가 섬세한 영혼에 손을 대면 예술을 창조하는 능력이 생기고, 좌절과 실망에 빠진 사람을 만지면 새로운 용기와 힘을 얻게 된다.'

사랑의 힘은 생각보다 훨씬 위대합니다.

7. 친구 사랑 주간

"승호야, 같이 가."

대표가 건널목에 서 있는 승호에게 손짓했다. 그러나 승호는 잔뜩 찡그린 얼굴로 힐끗 보기만 했다.

"너 귀가 왜 이렇게 부었어?"

가까이서 보니 승호 귀가 빨갛게 두 배는 부풀어 올라 있었다.

"시골에 벌초 갔다가 벌한테 쏘였어. 완전 기절소풍 하는 줄 알았어."

승호는 지금도 귀가 따끔따끔 쑤시고 귓가에서 붕붕 소리가 나는 것 같다고 했다.

"기절초풍이겠지. 넌 여전히 무식이 일렬로 소풍 가는 소리만 하는구나."

도영이가 똑 튀어나와 놀려 댔다.

"품! 우하하하 벌에 쏘여서 이렇게 된 거야? 진짜 기절소풍 갈 만하다."

동국이도 얄밉게 웃어 댔다. 승호는 놀리지 말라며 화를 냈다.

교실에 들어서니 선생님이 체육복 차림으로 아이들을 기다리고 있었다.

"어제 말한 것처럼 오늘은 2교시부터 4교시까지 체력 검사다."

"어머, 어떡해."

"아싸!"

"우히히히 잘됐다."

선생님 말씀에 아이들 반응은 제각각이었다. 공부를 안 한다는 것 때문에 대부분의 아이들은 체력 검사를 반겼지만 그렇지 않은 아이들도 있었다. 기록을 체크하고 종합해서 등급을 매긴다는 게 마땅치 않았던 것이다. 체력 검사는 왕복 달리기와 멀리뛰기, 악력, 유연성 같은 것을 검사한 다음 결과에 따라 등급을 매긴다.

아이들은 더욱 좋은 등급을 받기 위해 젖 먹던 힘까지 다 냈다. 대표는 왕복 달리기와 악력에서는 1등급을 받았지만 멀리뛰기에서는 엉덩방아를 찧는 바람에 3등급을 받았다.

"아, 잘만 했으면 나도 전부 1등급을 받는 건데."

"악력 검사 장난 아니야. 무슨 기계가 돌처럼 단단하냐."

대표가 투덜거리자 찬하도 맞장구를 쳤다.

운동장으로, 체육관으로 몇 시간을 돌며 땀을 쏟은 아이들은 교실로 돌아오자마자 바닥에 쓰러졌다.

"손가락 하나 까딱할 힘도 없어."

"어휴, 난 발바닥도 아프고 죽을 지경이야."

아이들이 하도 엄살을 떨자 선생님은 점심을 먹은 후 뒤처리만 하고 집에 가도 좋다고 했다.

"안 가?"

해린이가 급식을 먹고 오자마자 집에 갈 채비를 했다.

"15미터를 여든일곱 번이나 달렸더니 발바닥에서 불이 난다."

대표와 찬하는 양말을 벗고 주먹으로 발바닥을 두드리고 있었다. 그러다 해린이가 재우치자 마지못해 가방을 둘러메고 교실을 빠져나왔다.

"애들이 저기에 왜 모여 있지?"

막 교문을 나서는데 공터에 아이들이 빙 둘러서서 뭔가를 구경하고 있었다. 누가 기타를 치는지 신나는 노래가 흘러 나왔다.

"헉, 몽천동 귀신 아저씨잖아!"

"그러게, 알바 신 아저씨네."

아이들 사이로 얼굴을 내민 대표는 그만 깜짝 놀랐다. 바로 알바 신 아저씨가 아이돌 가수처럼 차려입고 기타를 치면서 노래하고 있었던 것이다.

세상이 변하기를 바라지 마
변해야 하는 건 바로 너
세상은 희망이 없다 말하지만
꿈을 가진 자는 항상 도전하지
인생의 주인은 바로 나니까

"얘들아, 내 자작곡인데 어떠냐?"

아이들이 박수를 치자 아저씨가 활짝 웃으며 물었다.

"멋져요. 가수 같아요."

"한 곡 더 해 주세요."

아이들의 반응은 뜨거웠다. 왜냐하면 아저씨가 워낙 아이들을 좋아하고 장난기가 많아 벌써 유명 인사가 되었기 때문이다. 분식점이나 찜질방에서는 물론 배달을 오가면서도 말을 걸고 틈만 나면 소크라테스 얘기를 하니 모르는 애들이 없었다.

"아저씨, 가수 오디션에 한번 나가 봐요. 1등하면 상금도 엄청 많잖아요."

"그렇지 않아도 한번 가 봤단다. 근데 줄이 너무 길어서 그냥 왔어."

아저씨의 천연덕스러운 거짓말에 아이들은 마냥 웃기만 했다.

"웬일로 여기서 노래를 하세요. 이것도 혹시 아르바이트예요?"

해린이가 물었다. 그러자 아저씨는 집이 생겨서 축하 콘서트 하는 거라며 두 팔을 번쩍 들고 만세를 불렀다. 그러자 애들은 뭣도 모르고 박수를 쳤다.

"우와, 아저씨 축하해요. 엄마한테 얘기하면 좋아하실 거예요."

대표는 진심으로 아저씨를 축하해 주었다. 그러자 아저씨가 찜질방 뒷골목 옥탑방을 월세로 얻었으니 놀러 와도 좋다고 했다. 대표와 찬하 그리고 해린이는 집들이 선물을 가지고 꼭 가겠다고 했다.

다음날 아침 선생님은 몹시 기분이 좋아 보였다.

"이번 주는 친구 사랑 주간이다. 마니또를 뽑아 비밀 친구로 도와주는 거야."

교실로 들어가니 선생님이 빨강 파랑 쪽지가 들어 있는 상자를 교탁에 올려놓으셨다. 그 쪽지에는 친구의 이름이 적혀 있어 1주일 동안 몰래 그 친구를 도와주는 것이다.

"남자는 여자를, 여자는 남자를 뽑아야 해."

대표는 해린이가 뽑히길 바라며 파랑 쪽지를 집었다. 하지만 반에서 제일 센 여자인 도영이가 뽑히고 말았다.

"악, 이런 망했다!"

자신도 모르게 한숨이 새어 나왔다. 찬하와 해린이도 쪽지를 뽑고는 어깨를 축 늘어뜨렸다. 하지만 동국이와 승호는 자기가 좋아하는 여자애들을 뽑았는지 입이 헤벌쭉 벌어졌다.

'나를 도와줄 마니또는 누굴까?'

대표는 혹시 표정을 보면 알 수 있을까 싶어 아이들을 죽 돌아보았다. 하지만 느낌이 오는 아이가 전혀 없었다.

대표는 집에 가자마자 마니또에게 줄 편지를 썼다. 그리고 다음 날 아침 일찍 가서 책상에 편지를 올려 두고 모른 척했다. 도영이가 보기를 기다리는 그 순간이 재미있으면서도 떨렸다.

"내 마니또 이병준 아니야?"

도영이는 편지를 보고 소리쳤다.

"아, 맞다 병준이가 아까 편지 같은 거 넣는 거 봤어."

대표는 도영이가 속는 게 재미있어서 슬쩍 거짓말을 했다. 그때 승호가 감격해 하는 목소리로 아이들을 둘러보며 말했다.

"내 마니또 고맙다. 벌한테 쏘였을 때 바르는 연고를 갖다 놓다니."

여기저기서 이따금 훈훈한 소식이 들려왔다.

그런데 대표를 도와주는 마니또는 아무 일도 하지 않는지 조용했다.

"내 마니또는 친구 사랑도 모르나 봐."

대표는 힘없이 중얼거렸다. 그 소리를 들었는지 잠시 뒤부터 대표한테도 마니또의 봉사의 손길이 이어졌다. 책상에 우유를 갖다 놓는가 하면 화장실에 갔다 오니 수학 시간 준비물이 놓여 있고 편지도 있었다. 대표는 편지를 살짝 펼쳐 보았다.

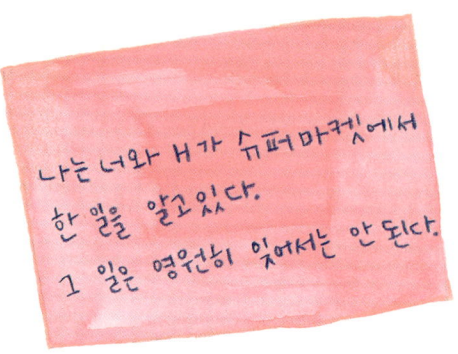

편지를 읽은 대표는 심장이 딱 멎는 것 같았다. 주위를 둘러본 후 편지를 구겨 얼른 주머니에 넣었다. 도대체 누가 이런 짓을……. 분명 아무도 모르는 일인 줄 알았는데 그걸 본 사람이 있었다니. 대표는 자기 마니또가 누구인지가 점점 더 궁금해졌다.

"할머니는 퇴원하셨어?"

"병아리들은 잘 있고?"

집으로 오는 길에 찬하와 해린이가 물었다.

"우리 할머니 퇴원하신 지가 언젠데. 우리 집에 가서 할머니한테 냉면 해 달라고 하자. 할머니가 아무 때나 너희 데리고 오랬어."

대표 말에 찬하와 해린이는 입맛을 다시며 달랑달랑 따라갔다. 아이들을 보자 할머니는 반갑게 맞으며 10분만 기다리라고 했다.

"병아리가 이렇게 많이 컸어?"

"처음엔 노랑이었는데 지금은 갈색 털이 많이 났다."

아이들은 인사를 하자마자 베란다로 가 병아리를 보았다.

"이렇게 크다가는 진짜 병아리 농장 해도 되겠다."

해린이 말에 웬 병아리 농장이냐고 찬하가 웃음을 터트렸다. 하지만 대표가 어찌나 진지하게 말하는지 곧 고개를 끄덕이고 말았다. 향긋한 오이 냄새와 참기름 냄새가 풍겨 오더니 할머니는 정말 10분 만에 냉면을 내 오셨다.

"할머니, 너무 맛있어요."

"어우 매워. 근데 너무 맛있다."

아이들은 물을 벌컥벌컥 마시면서도 냉면을 한 입 가득 집어넣

었다.

"달걀도 먹고, 냉면도 또 있으니 많이 먹어라. 이렇게 대표랑 친구 해 주고 내가 아플 때 병원도 같이 가 줘서 정말 고맙다."

할머니는 아이들이 먹는 모습을 지켜보며 흐뭇한 미소를 지었다. 대표도 자기한테 이렇게 좋은 친구가 있다는 게 참 든든하고 좋았다.

"내 마니또가 누굴까? 진짜 궁금해. 넌 마니또가 어떤 일을 해 줬니?"

해린이가 물었다.

"몰래 나 대신 계단 청소도 해 주고 사물함 스티커도 바꿔 줬어. 누군지 몰라도 진짜 센스쟁이야."

찬하가 자랑스레 대답했다.

"내 마니또는 공부를 잘하는 게 틀림없어. 왜냐하면 글씨도 반듯하고 문장력도 엄청 좋아. 요즘에는 내가 애들하고 다투지도 않고 표정이 밝아진 것 같아서 좋대. 혹시 현규가 아닐까?"

해린이가 꿈꾸는 듯한 표정을 지었다. 현규는 우리 반 반장인 데다 매너가 좋아서 여자애들한테 인기가 많다. 그 순간 대표는 찬하한테서 언뜻 실망하는 표정을 읽었다. 그러나 대표가 어렸을 때 찍어 둔 사진첩을 들고 오자 이내 밝아졌다.

다음날에도 대표 책상에는 우유와 편지가 놓여 있었다. 대표는 편지를 들고 아무도 없는 화장실로 갔다.

> 아무도 보지 않는다고 함부로 행동하지 마라
> 세상 모든 눈이 너희를 보고 있다
> 하늘을 우러러 한 점 부끄럼 없이 살아라

대표는 등줄기에서 식은땀이 흘렀다. 컴퓨터로 뽑은 글이라 필체로도 누군지 알 수 없다. 하늘을 우러러 한 점 부끄럼 없이 살라는 말은 대표 머그잔에 새겨진 윤동주 시인의 시다. 왜 직접 말하지 않고 뒤에서 이런 식으로 협박하는 걸까. 대표는 자기만 골리는 건 괜찮지만 혹시 이런 식으로 해린이까지 괴롭히면 어쩌나 걱정이 됐다.

그러나 다음날 편지는 더 황당했다.

> 속았지롱~
> 아, 재밌다 ^^

대표는 누구든지 잡히기만 하면 가만 안 두겠다고 이를 앙다물었다.

어느덧 친구 사랑 주간 마지막 날이 되었다.

"오늘은 자기 마니또가 누군지 발표하는 날이에요. 1주일 동안 자기를 도와준 마니또에게 선물을 하기로 하자."

선생님 말씀에 아이들은 준비한 선물을 책상 위에 올려놓았다.

'너 오늘 딱 걸렸어!'

대표는 눈에 힘을 주고 자기 마니또가 드러나기만을 기다렸다. 드디어 한 명씩 한 명씩 자기 마니또를 발표하는 시간이 됐다. 아이들은 침을 꿀꺽 삼키며 조용히 귀를 기울였다.

"제가 도와준 친구는 이동국입니다."

"저의 마니또는 오수미입니다."

발표할 때마다 낮은 탄성이 흘러나왔다. 전혀 예상하지 못했던 친구들이 마니또였기 때문이다.

"제가 도와준 친구는 공대표입니다."

대표는 얼른 돌아다보았다. 그런데 이게 웬일인가. 그 아이가 바로 해린이라니……. 대표는 뭐가 분명히 잘못되었을 거라 생각했다. 마니또와 편지 쓴 사람이 다를 수도 있다.

"대표는 해린이한테 선물 안 주니?"

"아. 네. 그게……."

선생님 말씀에 대표는 머리만 긁적였다. 그러자 해린이는 뭐가 그리 좋은지 입을 가리고 정신없이 웃었다. 그때서야 대표는 모든 게 해린이의 장난이었다는 걸 깨달았다.

"제가 도와준 친구는 송해린입니다."

해린이를 도와준 마니또는 대표가 생각했던 것처럼 찬하였다. 해린이는 현규가 아니어서 약간 당황한 듯했으나 기쁜 얼굴로 선물을 건넸다. 집에서 직접 만들어 온 쿠키를 받은 찬하는 좋아서 어쩔 줄을 몰랐다.

그동안은 서로 돕다 보니 교실 분위기도 좋고 설레기도 했는데 마니또가 끝나니까 다들 서운한 눈치다. 그래도 이번 일을 계기로 아이들은 친구를 돕는 기쁨을 알게 되었고 세 아이는 더욱 우정이 돈독해졌다.

"너, 왜 그랬어. 장난이 너무 심했잖아."

"놀랐구나? 에이~~ 정말 미안해. 내 일기장에 썼던 말인데 네 마니또가 되니까 갑자기 장난치고 싶더라고."

대표가 화를 내자 해린이가 찬하한테 줬던 것과 같은 쿠키 봉지를 내밀며 사과를 했다.

"야, 알바 신 아저씨가 오늘 집들이한다고 했잖아."

해린이가 얼른 말을 돌리며 찬하한테 전화를 걸었다. 그리고는 학원 끝나고 다섯 시까지 하와이 찜질방으로 모이자고 했다. 대표는 아저씨한테 어떤 선물을 할까 생각하다가 집에 가서 싱크대 수납장을 뒤졌다.

"할머니, 지난번에 말했던 노숙자 아저씨가 드디어 방을 마련했어요. 우리 집에서 안 쓰는 그릇이랑 냄비 같은 거 있으면 다 주세요."

할머니도 아저씨가 아르바이트를 몇 개씩 하면서 열심히 산다는 말을 들어온 터라 마땅한 게 있다며 함께 찾아 주었다.

"여기 있다. 너희 고모가 사은품이라고 가져다준 건데 아끼느라고 안 썼다. 이거면 그릇은 충분할 게다."

할머니는 상자에서 꺼내지도 않은 새 그릇을 선뜻 내놓으셨다. 그리고 김치도 몇 포기 싸 주셨다.

"할머니, 고마워요."

대표는 할머니 볼에 뽀뽀하고 집을 나섰다. 할머니가 한 번 쓰러진 다음부터는 웬만해선 말썽을 일으키지 않으려 노력하고 있다. 이따금 병아리 때문에 잔소리하시지만, 물하고 먹이는 할머니가 더 열심히 챙겨 주고 계시다.

하와이 찜질방 앞에는 대표와 해린이가 벌써 나와 기다리고 있었다. 해린이는 과일, 그리고 찬하는 휴지를 들고 나왔다. 아이들은 발걸음도 가볍게 옥탑방으로 향했다. 아저씨 집에 이르니 카레 냄새가 코끝을 자극했다.

"아휴, 아저씨 이 집에 살면 운동은 따로 안 해도 되겠어요. 여기 올라오는 게 운동이네요."

아이들은 헐떡거리며 선물을 내려놓았다.

"야, 어린이들이 무슨 이런 걸 다 들고 오냐? 그냥 와 주기만 해도 고마운데."

아저씨는 선물을 받아 들고는 미안해서 어쩔 줄을 몰라 했다. 그리고 대표가 가져온 김치를 쭉 찢어서 먹어 보더니 바로 이 맛이라고 좋아했다.

"김치를 보니까 김치전이 먹고 싶어서 도저히 안 되겠다."

아저씨는 잽싸게 김치를 송송 썰고 밀가루 반죽을 하더니 어느새 전을 부쳐 냈다. 고소한 김치전에다 향긋한 카레라이스까지 이

만하면 잔칫상으로 충분했다.

"아저씨, 다른 아르바이트 다 그만두고 요리사 하세요. 진짜 맛있어요."

"김치전도 짜지도 않고 반죽도 딱 좋아요."

아이들이 엄지손가락을 치켜들자 아저씨가 흐뭇한 미소를 지었다.

"소크라테스는 나의 집이 비록 작더라도 진정한 친구로 채울 수만 있다면 만족하겠다고 했단다. 그런데 너희를 보고 있으니 그 말이 무슨 뜻인지 알겠구나. 먹지 않아도 배부르고 그냥 보고만 있어도 가슴이 뻐근한 게."

"헤헤헤, 그럼 아저씨랑 우리가 친구예요?"

대표가 입가에 기름이 번들거리는 줄도 모르고 웃었다.

"아, 당근이지. 너희처럼 착하고 순수한 친구들이 있어서 정말 행복하단다. 소크라테스에게도 여러 명의 친구가 있었는데 그중에 크리톤이라는 친구와 나눈 대화가 유명하지. 소크라테스는 국가가 인정한 신을 믿지 않고, 젊은이들을 타락시켰다는 이유로 사형당할 처지에 놓이게 된단다."

"어우, 말도 안 돼. 그렇게 훌륭하고 지혜로운 사람을 그런 이유로 사형시킨다고요?"

해린이가 펄쩍 뛰었다.

"맞아, 그래서 친구 크리톤은 탈옥을 도와줄 테니 이웃 나라로

도망치라고 설득했어. 하지만 소크라테스는 탈옥은 정의로운 일이 아니고 자기가 지금까지 보여 준 언행에도 어긋난다면서 끝내 국법을 지키기로 한단다."

대표는 역시 소크라테스다운 행동이었다며 고개를 끄덕였다. 만약 죽음을 피하고자 도망쳤다면 오늘날까지 존경받는 인물로 남지 못했을 것이다.

"그런데요. 아저씨, 플라톤 책도 왜 이렇게 많아요?"

찬하가 방바닥에 쌓인 책을 보고 물었다.

"플라톤이면 소크라테스의 제자잖아요."

찬하가 아는 체를 했다.

"소크라테스에 대해서는 그동안 많이 공부했으니까 이제부터는 플라톤에 대해 공부해 보려고. 흠흠, 그러니까 우리 플 선생께서는 말이다……."

아저씨가 목청을 가다듬자 아이들이 손사래를 쳤다.

"아, 됐어요. 밥 좀 마저 먹자고요."

아이들은 밥을 수북이 떠서 입에 넣었다. 그러자 아저씨가 머리를 긁적이며 웃었다. 작은 방에 오밀조밀 모여 음식을 먹으니 소꿉놀이하는 것처럼 재미있었다.

"아이쿠, 깜박할 뻔했다."

밥을 먹다 말고 아저씨가 벌떡 일어나더니 종이봉투를 들고 왔다. 그리고는 책을 꺼내 아이들에게 한 권씩 주었다.

"오늘 집들이에 와준 선물이다. 이제부터 너희도 플 선생에 대해 공부하는 거야. 알겠지."

"어린이를 위한 플라톤?"

"고맙습니다!"

아이들은 신이 나서 책을 펼쳐 보았다.

"그렇지 않아도 플라톤에 대해 알고 싶었는데……."

해린이가 책을 가슴에 끌어안았다.

작은 옥탑 방에서는 웃음소리가 끊이지 않았다. 네 사람은 귀신 체험 갔던 일이며, 병아리 키우는 얘기, 승호가 벌에 쏘인 얘기까지 하며 웃음꽃을 피웠다. 해린이가 들고 왔던 과일까지 먹고 아저씨가 막 상을 치우려는데 전화벨이 요란하게 울렸다.

"아, 네. 친구들이 집들이를 해 준다고 선물을 잔뜩 사 들고 와서 같이 밥 먹느라 조금 늦었습니다. 지금 곧 갑니다."

아저씨가 서둘러 오토바이 키를 챙기는데 또 전화벨이 울린다.

"어쩐지~ 오늘은 왜 알바를 안 가시나 했네요."

아이들도 서둘러 아저씨를 따라나섰다.

"야, 이놈들아 밀지 마. 계단에서 구르면 그 많은 알바는 누가 다 하냐."

아저씨는 잽싸게 오토바이를 타고 시동을 걸었다.

"얘들아, 오늘 고마웠어. 나 먼저 간다."

부릉~ 부릉~~ 다다다다.

아이들은 멀어지는 아저씨의 뒷모습을 보며 손을 흔들었다. 전기 줄이 얼기설기 얽혀 있는 전신주 위에서 까치 몇 마리가 그 모습을 지켜보고 있었다.

> 깊이알기

크리톤은 누구

크리톤은 소크라테스와 나이가 같고 마음이 잘 맞는 친구였습니다. 소크라테스가 감옥에 갇혔을 때는 감옥에서 풀려 날 수 있도록 돈을 내 주겠다고 했고, 사형이 확정된 후에는 탈옥을 권유하면서 그에게 들어가는 모든 경비를 자기가 다 지출하겠다고 했어요. 그리고 소크라테스가 탈옥을 거절하자 많은 이유들을 들어가며 최대한 설득을 했지요. 바로 이때의 대화를 정리해 놓은 것이 플라톤의 책 『크리톤』입니다.

소크라테스는 사람이라면 그냥 살아서는 안 되고 훌륭하게 사는 게 중요하다고 했어요. 훌륭하게 사는 것은 정의롭게 사는 것을 말하므로 부정의를 당하더라도 그것을 부정의로 갚아서는 안 된다고 말했답니다.

> 깊이알기

"나의 집이 비록 작더라도 진정한 친구로 채울 수만 있다면 만족하겠노라"

플라톤의 책 『향연』을 보면, 소크라테스가 시인 아가톤의 집에서 여러 친구들과 음식을 먹으며 함께 철학에 대해 이야기하는 모습이 나옵니다. 아가톤이 중요한 대회에서 우승을 하여 파티를 열고 친구들을 초대했기 때문인데요.

소크라테스의 아내 크산티페는 남자들끼리 모여 그저 음식이나 배불리 먹고 쓸데없는 잡담이나 하는 자리라고 비난을 합니다. 물론 향연에 모인 친구들이 먹고 마시며 음악도 듣고 농담도 하면서 즐거운 시간을 보낸 건 사실이에요.

하지만 소크라테스는 친구들과 즐거운 저녁 시간을 보낼 줄 모른다면 세상의 모든 것을 안들 무슨 소용이 있겠냐고 말하며 친구들과의 만남을 소중히 여겼습니다.

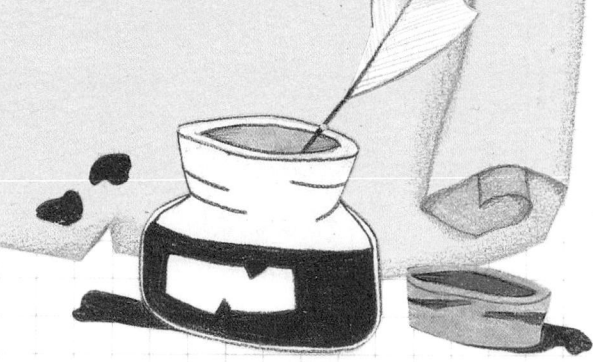

작가의 말

요즘은 토론에 대해 관심이 많아서 그런지 학교에서나 동아리에서도 다양한 토론을 하지요. 책을 읽고 주제를 정해 이야기를 나누거나 생활 속에서 부딪히는 여러 가지 문제를 가지고 열띤 토론을 벌입니다. 길고양이 급식소를 만들어 굶주리는 고양이들을 돌봐 주자, 위험에 처한 사람을 돕지 않고 그냥 가는 사람은 벌을 받아야 한다, 공동주택에서 애완동물 키우는 것은 바람직한가 등 논제도 여러 가지입니다.

어린이들은 이런 토론을 통해 객관적이고 논리적인 주장으로 상대방을 설득하는 능력을 키웁니다. 때로는 자신의 얕은 지식을 자랑하거나 남을 누르고 이기려는 친구도 있지만, 훈련을 통해 다른 사람의 의견을 주의 깊게 듣고 상대방을 존중하는 법을 배우게 되지요.

그런데 이런 토론 문화를 가장 먼저 꽃피운 곳은 어디일까요? 아마도 그리스 아테네에 있었던 '아고라' 광장을 들 수 있을 것입니다. 아고라는 종교나 정치, 경제의 중심지였고, 물건을 사고파는 시장이었으며 문화와 예술을 꽃피우는 무대가 되기도 했답니다. 그리고 시민들이 모여 정치나 학문에 관해 토론을 벌이기도 했지요.

바로 이 아고라에서 소크라테스는 제자들을 가르치고 친구들과 토론하며 그의 철학과 학문을 전파했습니다. 소크라테스는 제자들을 가르칠 때 질문에 곧장 답을 주지 않고 거꾸로 질문을 던져 대화를 통해 답을 찾아 나가도록 했는데 그것을 '소크라테스의 문답법'이라고 한답니다.

이 책의 주인공 대표도 바로 그 문답식 대화를 통해 학교와 가정, 친구들 사이에서 벌어지는 다양한 문제들의 답을 찾아갑니다. 말썽쟁이 대표는, 노숙자였다가 어느 날 소크라테스와 인문학을 공부하면서 새로운 삶을 살게 된 알바 신 아저씨를 만납니다. 분식점, 찜질방, 중국집, 슈퍼마켓 등 온갖 곳에서 아르바이트를 하는 아저씨는 대표가 가는 곳마다 나타나 자기가 공부한 소크라테스를 소개하고 고민이나 어려운 문제의 답을 찾도록 도와줍니다.

만약 여러분한테도 토론해 보고 싶은 주제나 어떤 어려운 문제가 있다면 소크라테스를 사랑한 알바 신 아저씨를 만나 보세요. 알바 신 아저씨의 엉뚱하고 재미난 얘기를 따라 가다 보면 어느덧 좋은 답을 찾게 될 거예요.

노혜영

작가 소개

글쓴이 **노혜영**

제주도에서 태어나 서울에서 대학을 마쳤습니다. 2009년 제4회 소천아동문학상 신인상을 수상했습니다. 지은 책으로는 『이주호 동생 왕세일』, 『베컴머리 힙합선생님』, 『열두 살 내 인생의 헛발질』, 『내가 제일 잘 나가』, 『뽑기 대장 꽝인교』, 함께 지은 책으로는 『새우젓 탐정』, 『말로 때리면 안 돼』가 있습니다. 어린이들이 스마트폰에 대한 생각을 잊어버릴 만큼 마음을 쏙 빼앗는 동화를 쓰는 게 꿈이랍니다.

그린이 **이희랑**

대학에서 회화를 공부하고, 지금은 일러스트레이터로 활동하며, 자신의 소란스러운 열기로 그림을 그리는 즐거움, 그림을 보는 즐거움, 그림을 느끼는 즐거움을 담아 가고 있습니다. 그린 책으로는 『나는 언니니까』, 『거짓말인지 아무도 모를 거야』, 『우리 선생님은 마녀』 등이 있습니다.